BALSEROS
El
"Hombre Nuevo"
De
Fidel Castro

ENRIQUE PADRON

Balsero cubano del éxodo de 1994

El éxodo de los balseros es
una de las grandes tragedias
que ha vivido el pueblo cubano
bajo el comunismo de Fidel y
Raúl Castro.

Enrique Padrón

Dedicatoria

A mis cuatro hijos, Gabriela, David, Ariana Isabela, Enrique Alejandro y mi nieto Nathan, para que nunca tengan que lanzarse al mar huyendo de su país en busca de libertad.

A mi madre, por el dolor que le causé cuando supo que me había lanzado al mar.

A mi esposa, para que en su país, Venezuela, no existan Balseros.

A Arturo Cobo y a todos los voluntarios que colaboraron para que los sobrevivientes llegados a la Casa del Balsero de Cayo Hueso, nos sintiéramos como en familia con las atenciones y el amor que allí dieron a cada uno de los que tuvimos la bendición de Dios para llegar a tierra firme.

A los Hermanos al Rescate que fueron asesinados por la dictadura castrista mientras buscaban balseros en el estrecho de la Florida.

Al Exilio cubano que nunca ha dejado de pensar en Cuba y que ha dado todo en la lucha por su libertad.

A los hermanos balseros desaparecidos en el mar.

A Cuba, que sufre bajo la tiranía comunista.

Enrique Padrón

Agradecimientos

A Dios por la fortaleza que me ha dado, sin el nada hubiera sido posible.

A mi madre, mi Heroína, por su ejemplo y sacrificio, y demostrarme que es posible alcanzar el cielo.

A mi familia que me ha mostrado el valor de amar

A Roberto y Manuel por haber logrado que me pudiera subir al bote aunque como dijera el capitán "este no va!".

A Reina, Esteban y su familia por darme alojamiento y calor familiar. A Alberto y Ángela por darme asilo en su casa al llegar a Miami

A Josefina Leiva por sus horas frente a este material dándole forma, corrigiéndolo y por el prólogo

A Félix Pagés-Romeo por su aporte con el poema "Balseros Cubanos" para este libro

A Stewart Severeyn por el diseño de la portada

Enrique Padrón

Prólogo

El mar enigmático, o amenazador, o transido por la esperanza o por la derrota, contagia impresión de libertad falsa o verdadera y es enlace para la comunicación tanto como abismo para el aislamiento. El mar que asedia a Cuba ofrece todas esas connotaciones, y en él quedó trabada nuestra historia desde que trajo a los aborígenes en canoas desde Tierra Firme para arrojar después sobre nuestras costas el Pendón de Castilla enarbolado por Cristóbal Colón, seguido por naves de colonizadores que en frenética búsqueda de oro extinguieron a los indios con el crucifijo como divisa ideológica; corsarios enviados por reyes enemigos de España; piratas que arrasaban nuestras ciudades, además de bucaneros y filibusteros; naves de guerra inglesas que tomaron La Habana; flotas comerciales que invernaban en nuestros puertos; barcos cargados de esclavos vigilados por negreros que huían de la mirada justiciera del cónsul británico Turnbull, presto a acusarlos ante un tribunal internacional por violar acuerdos que prohibían la trata. Mar que trajo expediciones independentistas con secuela de víctimas en el garrote vil o ante los pelotones de fusilamiento; mar que ocultó submarinos nazis de los que alguno fue hundido por las fuerzas de la libertad; mar que sopló huracanes venidos de muy lejos a devastarnos los hogares. Otros barcos nutrieron nuestro comercio con el mundo y se llevaron millones de sacos de azúcar para sustentarnos durante siglos. Ese mismo mar mimó a los pescadores que lanzaban sus redes a las olas; a los buques de pasajeros con turistas que nos traían alegría y dinero, o poetas como Rubén Darío, o príncipes europeos y deportistas en retorno, como

Kid Chocolate; acunó canoas deportivas que discutían trofeos en regatas; nos obsequió inventos novedosos para el progreso y soportó después cohetes soviéticos de largo alcance que ocasionaron una crisis política mundial. Y de repente, el mar se oscureció, embravecido por las tormentas del Caribe, y se dispuso a sepultar hombres, mujeres y niños desesperados por la opresión, que buscaron libertad en un duelo a vida o muerte con el viento y el agua salobre.

Este diálogo trágico de los hombres con el mar empezó en 1959, con la consolidación del castrismo en el poder. Los que se iban sobre el dorso de balsas tan frágiles como sus vidas, no podían retornar, fueron, son, serán quién sabe hasta cuándo, los balseros de la libertad. Su trayectoria es inherente a la opresión que padecemos desde hace más de medio siglo, y si es cierto que las almas sobreviven a la muerte, las de ellos vagarán sin redimirse sobre las montañas que las olas forman en su furia, desesperadas aún por la agonía que las llevó a perder sus cuerpos y a desprenderse de sus expectativas.

El presente libro que tengo el honor de prologar, muestra en orden cronológico las balsas, o los botes, o el remolcador que han sido hundidos por las autoridades del castrismo para impedirles la fuga. Cita nombres, fechas y lugares. Enumera una trayectoria de víctimas. Alude a los sacos de arena lanzados por los helicópteros del régimen fidelista sobre las balsas en huida; menciona los bombardeos de aviones y de lanchas militares que han hundido maderos y gente, desvalidos unos y otros ante el gigante militar del Caribe. Quedan fuera de todo recuento miles de balseros anónimos que perecieron en la travesía y de los que no tenemos noticia alguna.

El autor de estas páginas, con tono sereno, expone tal suma de calamidades colectivas como inevitable resultado de la asfixia material y espiritual que padece el pueblo de Cuba. Muestra además lemas que han sido impuestos a la nación por la cúpula que señorea la política y la existencia toda del país. Entre esos lemas que expresan dogmas recogidos por el autor de este libro, hay uno que asombró y preocupó al intelectual francés René Dumond, profesor de Agronomía en Francia. Dumond, militante de la izquierda mundial, amigo del Ho Chi Minh, el de Viet-Nam, visitó Cuba invitado por Fidel Castro, y en su honesto y valiente libro ¿Cuba es socialista?, en que niega la existencia de un verdadero socialismo en nuestro país, evocó además sus visitas a las escuelas de la Isla, donde en cada aula los niños lo recibían poniéndose de pie y afirmando: "Seremos como el Che". Es decir, que el modelo humano ofrecido por la pedagogía "socialista" de la Revolución era el de un guerrillero que hizo fusilar a numerosas personas por delitos políticos irrelevantes para alcanzar la pena de muerte, y tal fue el caso de un campesino apodado "el maestro", que lo había ayudado en la Sierra Maestra mientras luchaban por alcanzar el poder político, y por un supuesto delito insignificante le ordenó ponerse ante el pelotón que había constituido y que había ejecutado ya a varias personas, y dictaminó su muerte sin previo juicio, ni pruebas de culpabilidad, ni derecho a la defensa. Esta escena de las memorias del Che en la Sierra Maestra, fue escrita por él mismo con la afirmación implícita de su derecho como revolucionario a ejercer la justicia sin apelación alguna.

El autor de este libro sobre los balseros insiste en el concepto del "Hombre Nuevo" elaborado por el propio Che Guevara. El Hombre Nuevo, que sería el resultado de la Revolución, formado para luchar incansablemente por este proceso socio-político sin recibir estímulos materiales, sino morales de manera exclusiva. Y eso bajo escaseces inhumanas de las cosas más elementales, como el alimento, la vivienda, el mínimo de confort, el transporte…El "Hombre Nuevo" estaría convencido de las virtudes indudables de la Revolución y, manso y obediente ante el sistema, debería obligar a los otros a obedecer y a cumplir todas las metas impuestas, incluidas la delación y la ejecución de muertes para consolidar hasta la eternidad ese modo de vida.

La concepción del "Hombre Nuevo" del Che Guevara, atenta contra toda verdad psicológica y se parece al que diseñó Hitler en su libro "Mi lucha", en cuyas páginas de mediocridad arrasadora en conceptos, sentimientos, expresiones y perspectivas, dijo que no debería ser muy intelectual, porque su orientación sería la de actuar más que la de pensar.

El autor de este libro sobre los balseros expresa aquí conceptos precisos, como: "Nacer sin libertad y vivir sin ella no es tan difícil; lo difícil comienza cuando sabes que esa libertad existe y tú no tienes derecho a tenerla". ¿Quién es el autor de este libro?

Se llama Enrique Padrón, es cubano de nacimiento, y vivió en las más devastadoras condiciones económicas y sociales dentro de la Isla, toda vez que la Revolución le negó todas las oportunidades para la vida. Vino a los Estados Unidos como balsero. Con toda valentía Padrón deja ver la vivienda de los pobres en Cuba; el exceso de trabajo agobiante para una señora con cuatro hijos varones llevados al servicio militar obligatorio, bajo la exigencia de empuñar las armas dentro de otros países en guerras encendidas o alimentadas por Fidel Castro. Esa señora era la madre de Enrique.

Si Marx elaboró su teoría convencido de que la

miseria y la explotación por el trabajo devastan la vida humana en el cuerpo, en la moral y en la aspiración a la cultura, Enrique Padrón demuestra en sus páginas que el castrismo es la más absurda negación del marxismo teórico, fracasado en todas partes donde se le aplicó por haber agravado los males de los pueblos sometidos a su régimen de vida.

Pero este libro demuestra también que el ser humano puede alzarse sobre las peores condiciones de existencia en su voluntad de construirse y luchar por alcanzar metas inteligentes. Padrón, cercado incluso por la carencia de esperanza en que el sistema castrista coloca a sus ciudadanos, se jugó la vida para escapar en un barquito endeble, y una vez llegado a la libertad, supo entenderla, conducirla, orientarla, ejecutar hechos encaminados a vivir según la lógica humana. Así, se casó con una mujer a quien ama, juntos formaron un hogar y tuvieron cuatro hijos, y él dió pasos trascendentes para alcanzar un destino adecuado a sus esfuerzos y al amor con que trazó su trayectoria. No se dejó aprisionar por la derrota, ni por la magnitud del esfuerzo emprendido, ni por la desconfianza que hubiera sido una esperada consecuencia de su niñez. No se dejó dominar por la agresividad que es consecuencia de la frustración según los teóricos de la psicología culturalista: Erich Fromm y Karen Horney, y por la transformación de la agresividad reprimida en angustia. Ambos elementos de la naturaleza humana nutren el régimen que las crea, en un proceso irreversible. Enrique Padrón decidió no buscar la evasión al drama existencial de Cuba en el alcohol que origina un veneno mortal por la forma en que es elaborado como consecuencia de la escasez que cubre todos los sectores de la vida. Decidió que sus hijos serían seres civilizados, y demostró con la trayectoria que diseñó para su existencia personal, la verdad expuesta por las grandes filosofías del Oriente acerca de que cada ser humano puede hacer de sí mismo una bestia, un demonio o un hombre cabal.

Josefina Leyva
Novelista y poeta cubana en el exilio

Josefina Leyva fue por catorce años profesora de la Universidad de La Habana y el Instituto Superior Pedagógico "Enrique José Varona". Ha dividido su exilio entre Caracas, Madrid y Estados Unidos. Ha viajado por treinta y siete países y ha participado en numerosos congresos internacionales donde ha sido expuesta su obra literaria, conformada por once novelas, una biografía en colaboración con otra escritora y dos poemarios. Por la temática de su obra es conocida como "la novelista de la libertad".

Índice

Poema

Balsero cubano

Autor: Félix Pagés-Romeo

¡Qué osadía la tuya... intrépido viajero!
Por desafiar el mar y al tirano de Enero.

Te fuiste de tu patria bañado de esperanzas
y el corazón henchido de ansiedad...
desafiaste los mares, ¡qué arrogancia!
con   la vista fijada en la distancia
esperando encontrar en lontananza
el sol divino de la libertad.

Te fuiste desde allá donde naciste
por un tirano que nació en Enero
dejaste atrás tu patria... ¡que aventura tan triste!
y hoy te clavan el nombre de BALSERO.

¡Que osadía la tuya, intrépido viajero
por desafiar al mar y al tirano de Enero!
Y sin medir el riesgo que corría tu vida
te hiciste a la mar cargado de ilusiones...
no temiste a la furia del viento, desmedida
ni pensaste que por tu acción suicida
pudiste ser carnada de los tiburones.

No temiste los mares turbulentos,

odiaste la mentira... ansiabas la verdad...
tu vida peligraba en el intento
pero buscabas en el firmamento
el sol divino de la libertad.

¡Qué osadía la tuya, intrépido viajero
por desafiar al mar y al tirano de Enero.

Sin embargo el destino te jugó una trastada
se frustró tu esperanza, se tronchó tu ilusión...
ya tu barca no flota, permanece encallada
y tu aventura intrépida y osada
terminó en un campo de concentración.

¡Qué osadía la tuya, intrépido viajero
que desafiaste el mar y al TIRANO DE ENERO.

Félix Pagés-Romeo, nació en Nueva Paz, un pequeño pueblo costero al sur de la provincia de La Habana, CUBA. A raíz del triunfo de la revolución comunista en Cuba, liderada por los hermanos Castro, las cosas no fueron nada sonrientes para Félix, quien acostumbrado a pensar y escribir libremente, muy pronto se vio advertido por el régimen para que moderara sus escritos y expresiones alusivas al proceso revolucionario que guiaba a su manera todas las formas del pensamiento y de la escritura. En vista de esa situación, sólo existía un camino... el exilio, y lo tomó emigrando a los Estados Unidos donde hoy reside con su familia.

Introducción

Los que no conocen la realidad cubana se preguntan qué puede haber de tan cruel en la "Isla Paraíso" que lleve a ese pueblo a tomar la decisión de lanzarse al mar y exponerse a las mandíbulas afiladas de los tiburones, o a morir ahogado en el oscuro y profundo mar del Estrecho de la Florida.

Siempre que me preguntan sobre la realidad de Cuba, pienso en cómo separar la verdad política del pueblo cubano del resto de los países latinoamericanos que buscan llegar de diferentes maneras a los Estados Unidos para cumplir sus sueños de mejorar económicamente, para poder explicar la nuestra con claridad y de una forma que se entienda, pero a veces la realidad sobrepasa la ficción y no me creen.

Muchos se preguntan cómo puede el Ingenio de un ser humano, que está atrapado entre un amargo pasado, un aplastante presente y un incierto futuro, ser capaz de crear embarcaciones rudimentarias o buscar formas de escape nunca antes pensadas, para huir del "paraíso socialista cubano", y mi respuesta siempre es la misma, huyen de una dictadura despótica y militar de más de 54 años en el poder, que aplastó sus vidas.

Si aún usted no entiende la realidad cubana y por qué los balseros se lanzan al mar, aquí encontrará relatos de hombres y mujeres que fueron capaces de hacer flotar una vieja camioneta o confeccionar una balsa con tanques de acero de 55 galones completamente sellados y hacerlos flotar amarrados con sogas de henequén para transportar a más de 10 personas a remo por una distancia de más de 100 millas náuticas. O recolectar pedazos de plástico, metal y madera para edificar un artefacto flotante con un motor de carro Lada Ruso conectado a una propela casera.

¿Quién podría imaginar que en una tabla de Surf sería posible navegar decenas de millas náuticas contando sólo con el viento como combustible y una vela como motor? .¿O tener que correr el riesgo de cruzar un pequeño bote de madera deteriorado con 21 personas a bordo por encima de una cuerda de acero para poder sacarlo de un rio y buscar mar abierto bajo ráfagas de ametralladora. En estas recopilaciones encontrará a 68 personas hastiadas del comunismo y su represión, que tuvieron el valor de montarse de madrugada en un remolcador y salir a todo motor por el centro de la bahía de La Habana para terminar en el fondo del mar. Osados que inflaron neumáticos de automóviles y se lanzaron con un remo de madera hecho a mano en la oscuridad de la noche y la profundidad del mar. O aquellos que como polizones se metieron en las bodegas de barcos mercantes para llegar a cualquier lugar del mundo donde pensar no fuera un delito y proclamar su pensamiento, sin recibir una sentencia de prisión o de muerte.

Éstas son historias de cubanos que se negaron a seguir

viviendo bajo una tiranía, se cansaron de jurar "Pioneros por el Comunismo seremos como el Che" y de vivir sin libertad; jóvenes nacidos bajo el sistema comunista que traicionó a sus padres y abuelos, para tratar de convertir a sus hijos y nietos en el "Hombre Nuevo" de una revolución, fracaso que los obligó a escapar de la forma que pudieran de esa cruel dictadura comunista.

Que sirvan estos testimonios y relatos para que no se repita la odisea que hemos vivido los cubanos, para que las naciones bajo la amenaza del socialismo luchen y no permitan que el fantasma de una tiranía les robe lo más grande y sagrado que posee un ciudadano: su libertad.

En estas páginas está el resultado del Hombre Nuevo que quiso una vez construir el comunismo cubano y que terminaron siendo "Los Balseros creados por Fidel Castro"

Enrique Padrón

"..Yo quiero en cuanto a los balseros decir, que considero que es insultante decir que vienen a los Estados Unidos a buscar dinero. Los Balseros vienen a buscar aquí lo que no tienen en Cuba, que no tienen derechos humanos, que no tienen oportunidades, que no tienen respeto a su propia dignidad. Ellos vienen aquí buscando la libertad y la democracia que no les ha dado la revolución comunista en Cuba. Por tanto, yo difiero totalmente con el señor Ricardo Alarcón y quiero salir en defensa de los Balseros "

Jorge Más Canosa

Extractos del Debate entre Jorge Mas Canosa y Ricardo Alarcón, trasmitido por CBS telenoticias el 5 de Septiembre de 1996

(Jorge Mas Canosa fue el presidente de la Fundación Nacional Cubano-Americana y uno de exiliados cubanos residentes en Estados Unidos al que más ataco Fidel Castro. Ricardo Alarcón fue un alto dirigente de la Dictadura comunista cubana, entre otros cargos ocupo la presidencia de la Asamblea Nacional del Poder Popular cubano.)

Enrique Padrón

¿Por qué existen los balseros cubanos?

Nacer sin libertad y vivir sin ella no es tan difícil, lo difícil comienza cuando sabes que esa libertad existe y tú no tienes derecho a tenerla- y mucho menos- a desearla. Cada pensamiento que te aflore con el deseo de libertad te convierte en una persona Ilegal desde que amanece hasta que oscurece. El solo pensar que tu terrible presente no es lo que tú mereces por tus sacrificios, el sacrificio de tus padres o abuelos puede provocarte una tortura carcelaria. Si, así es, PENSAR puede llevarte a las mazmorras comunistas, si piensas en la libertad y la democracia. Entonces, estás condenado al encierro indefinido, a no ser que una vez preso te obliguen a arrepentirte ante la sociedad y declares que "estabas equivocado y que esos pensamientos fueron sólo consecuencia de las influencias imperialistas" de algún amigo o familiar en Miami que te ha deslumbrado con sus "jeans capitalistas", causa de todos los males del tercer mundo", o de aquella foto de un balsero que llegó hace sólo 24 meses a Miami y ya puede regresar de visita a Cuba en sus propias vacaciones cargado de pacotilla que tú nunca has podido soñar con comprar en tu isla con el dinero de tu salario. O que te dejaste influenciar por las noticias de esos "batistianos" que hablan por la radio "gusana" de Miami que llega a tu radio receptor con muy poca calidad, y que tú no escuchas en los medios oficiales, por ser noticias subversivas, causa de prisión por "diversionismo ideológico" o de propaganda enemiga, de aquellos que luchan por los "Ilegales derechos humanos" del pueblo cubano, esos derechos humanos que la Revolución combate cada primero de Mayo o cada 26 de Julio en la Plaza de la Revolución, y contra los cuales tenemos que marchar gritando sin sentido: "¡Abajo los derechos humanos!".

O marchar con odio y ensañamiento en una turba patrocinada y auspiciada por el gobierno contra la casa de aquellos que dan a conocer al Mundo Libre problemas que afectan al pueblo, como la carencia de medicinas en los hospitales, mientras las regalan a Venezuela o a Bolivia; o que hay un médico preso por protestar contra el aborto; o que las Brigadas de Respuesta Rápida creadas por los Castro patean a las Damas de Blanco al salir de la Iglesia los domingos; o que el ministro al ministro de Relaciones Exteriores mintió ante la ONU al proclamar que vivimos en la mejor democracia del mundo y que la mortalidad infantil es del 1% por mil nacidos vivos; o que las colas de niñas de 13 años para someterse a un aborto doblan la esquina de las clínicas con el aterrado consentimiento de sus padres; o testimoniar cómo su hermana o su prima o cualquier familiar se prostituye por cinco dólares ante un mediocre turista europeo, cuando la prostitución era cosa de la "dictadura derrocada en el 59". También es llevado a prisión quien diga que las calles están llenas de jovencitas prostituidas que con esa profesión autorizada se ganan la vida con mejores dividendos de los que obtendrían si fueran maestras o médicas, y que hasta pueden entrar a quedarse en la habitación de ese cliente turista con la complicidad de la policía, que también por unos dólares hace la vista gorda ante cualquier situación de esa índole.

Un Balsero lleva en su subconsciente las frustraciones de vivir una niñez, juventud y vejez sin ilusiones. Aquél que decide convertirse en carnada de tiburones lazándose al mar, lleva en su pecho las heridas causadas por un sistema que lo desprecia por ser cubano, que sintió en su último día en tierra, el desprecio de aquéllos que lo vieron nacer, y que lo delataron ante el Comité de Defensa de la Revolución [Explica en glosario al final del libro. Nadie fuera de Cuba sabe qué es un CDR] por comprar una libra de café de contrabando o lo "echaron palante" (delataron) por freír un pedazo de carne de puerco, cuyo olor inundó el barrio, ese olor a carne frita que causó la envidia de aquellos militantes del Partido Comunista de Cuba y lo delataron porque a ellos nadie les vende nada por su baja condición de delatores de la dictadura.

Son muchos los sentimientos que un balsero tiene ocultos y que en la mayoría de los casos ni él mismo sabe que los tiene, porque siempre vivió con ellos como si hubieran sido algo natural en su ser. El Balsero ni sabe cuál es el significado de la palabra libertad, piensa que lo que se vive fuera de su país es un sueño surrealista, y que aquél a quien siempre le dijeron que era su enemigo más cruel, el imperialismo, es hoy quien les da de comer a él y a la familia que dejó atrás, y que no es ese "Imperialismo" quien en verdad bloquea a su familia y le impide acceder al progreso y a la libertad.

Los Balseros son el resultado del frustrado "Hombre

Nuevo" que nunca pudo dar a luz la revolución comunista cubana.

Los Balseros somos cubanos que buscamos la libertad al precio que fuera necesario, aunque esa libertad que tanto ansiamos sin darnos cuenta, la llamemos equivocadamente, bienestar económico. Somos todos, Exiliados Políticos.

El "Hombre Nuevo" de la Revolución

Crear un "Hombre Nuevo" para la Revolución Cubana fue el capricho de Fidel Castro desde los inicios de su dictadura el 1ro de enero de 1959, desde sus años de guerrillero en la Sierra Maestra Castro se propuso crear un nuevo hombre que sirviera a ciegas a la Revolución y que diera su vida en defensa del sistema recién creado para "salvar" a Cuba de lo que ha llamado hasta hoy la agresión imperialista por parte de los Estados Unidos. Allí nació el famoso e inútil eslogan comunista de "Patria o Muerte".

Para poder cumplir con ese slogan había que crear un "Hombre Nuevo" que diera su vida por los ideales importados que trajo Castro a la joven república cubana. Para construir a ese hombre ideal se crearon muchos planes de adoctrinamiento para la niñez y la juventud en que se les debía inculcar la ideología comunista. Ésa fue la misión principal de la Revolución, desde las EJT (Ejército Juvenil del Trabajo); las MTT (Milicias de Tropas Territoriales), o la creación de las escuelas militares conocidas como *"Camilitos", hasta hacer del joven soldado que se incorporaba al Servicio Militar Obligatorio, una verdadera máquina adoctrinada al servicio del régimen, lo cual era la meta principal de Raúl Castro como ministro de las FAR (Fuerzas Armadas Revolucionarias) por órdenes de su hermano, el comandante de todo, Fidel Castro.

Pero, ¿cómo debería ser ese "Hombre Nuevo", qué cualidades debería tener y cómo debería actuar? Ese joven hombre nuevo tendría que ser incondicional a la Revolución, creerlo todo, soportarlo todo, y seguir únicamente los lineamientos que se le dieran en sus organizaciones de masas para combatir cualquier idea "contrarrevolucionaria" que llegara a sus oídos o entrara a su mente como parte de la propaganda enemiga creada por la Contrarrevolución. Así, como dice la canción, a todo lo que no oliera a Revolución, el Hombre Nuevo tendría que ser ciego, sordo y mudo.

Para lograrlo se crearon también las ESBC (Escuelas Secundarias Básicas en el Campo), comienzo de la llamada también "revolución pedagógica". Estas escuelas en las zonas rurales tenían como objetivo sacar a los estudiantes de las ciudades y ponerlos a trabajar en la agricultura a media jornada laboral de lunes a viernes, y estudio en la otra mitad del día. Ese trabajo que no tenía remuneración monetaria podía ser desde el cultivo del tabaco hasta la recogida de frijoles o naranjas, y los alumnos tenían el deber de alcanzar una norma diaria exigida por jefe de brigada al mando de los grupos de trabajo, o realizar limpieza de la hierba mala en las plantaciones de estos cultivos. Esta forma de trabajo estudiantil obligatorio también aplicaba para las secundarias básicas en la ciudad pero sólo por 45 días continuos a mitad del curso escolar. Consistía en jornadas completas de arduo trabajo en el campo. En esta segunda forma de explotación estudiantil agrícola las condiciones de vida eran mucho peores, ya que se realizaban en campamentos construidos de forma muy rudimentaria con baños sin techo, agua fría para bañarse cuando la presión hacía que llegara a las duchas, y albergues para dormir con muy poca higiene. La alimentación era de muy baja calidad, muchas veces de arroz con gusanos, caldo de chícharos con gorgojos y papas en salsa de tomates o plátano verde hervido, o un desayuno de agua con azúcar y un pedazo de pan viejo. Esos jóvenes de sólo 12 a 15 años que perdíamos 45 días de nuestras vidas lejos de nuestras familias trabajando de sol a sol en el campo, no comprendíamos el porqué de aquel sacrificio obligatorio cuando la promesa de la Revolución era que la educación era "gratuita" para todos.

*Los "Camilitos" le llaman en Cuba a los jóvenes que estudian en las Escuelas Militares Camilo Cienfuegos. Escuelas de enseñanza militar cubana de las cuales se nutre las Fuerzas Armadas Revolucionarias (FAR) para la formación de los futuros oficiales.

Casos Reales

Seis balseros ametrallados

Guanabo, La Habana 1966

En el año 1966 Jacobo Rodríguez Marín en unión de varios jóvenes que no podían resistir más la férrea tiranía totalitaria que asolaba a Cuba desde 1959, decidieron irse de la Isla, y comenzaron a trazar planes de cómo intentar llegar a los Estados Unidos de Norteamérica en bote, costara lo que costara.

Entre ellos, Jacobo Rodríguez Marín e Hipólito Rodríguez López tenían conocimiento de que en la casa de la suiza Lucerna, ubicada al lado del Seminario el Buen Pastor, en Arroyo Arenas, La Habana, había una lancha que les podía servir, y decidieron que ése sería el vehículo que los llevaría a la libertad. Así comenzó el plan de escape.

En el anochecer del día miércoles 19 de enero de 1966 pusieron en práctica los planes, y remolcaron la lancha hasta la costa, y a eso de las 11 de la noche, por la zona llamada Playa Ñanglar, entre Santa Cruz del Norte y Guanabo, la lanzaron al agua y se pusieron a remar para alejarse de la costa antes de encender el motor.

Ya con el motor de la lancha en funcionamiento, y a

unas cinco millas alejándose de la costa, los seis jóvenes llenos de esperanza, de que por fin dejaban el "paraíso comunista", se les apareció una patrullera cubana, y como si de antemano hubieran tenido conocimiento los guardia fronteras de que estos cubanos abandonaban la isla comunista, comenzaron a disparar en forma indiscriminada, de tal modo que acribillaron el bote y los cuerpos de tres de sus ocupantes

Al amanecer, el saldo de este otro ametrallamiento a cubanos que deseaban irse de la brutal tiranía socialista marxista era de tres asesinados: Hipólito Rodríguez López, Luis Rodríguez López de 18 años de edad (hermano de Hipólito- eran de Arroyo Arenas), y Héctor Linares, joven de la raza negra, de Caimito del Guayabal.

Jacobo Rodríguez Marín, y los otros dos jóvenes cuyos nombres no declaro aquí por no tener su autorización), lograron salir ilesos y llegar a la playa, donde fueron capturados, golpeados en forma brutal, llevados a la tétrica mazmorra de La Cabaña, y bajo la causa 53/1966 acusados y condenados por los cargos de "atentar contra la integridad y desestabilización del estado cubano", sin mencionar que la verdadera causa era que querían abandonar Cuba para buscar la libertad.

Enrique Padrón

"!Pioneros por el comunismo!"
"¡Seremos como el Che!"

Desde los primeros años de estudio, los niños cubanos han sido adoctrinados con las proclamas redactadas por el Comité Central del Partido Comunista de Cuba, y en especial por órdenes directas de Fidel Castro para lograr una "formación adecuada y acorde con los principios de la Revolución Socialista". Para ello era obligatorio repetir hasta la saciedad las proclamas de la Revolución como aquélla de: "Pioneros por el comunismo, seremos como el Che". Ese rito era obligatorio cada día antes de comenzar clases en todas las escuelas del país desde pre-escolar hasta el 12 grado, otro de los eslogan revolucionarios era "Sólo los cristales se rajan, los hombres mueren de pie y nosotros los pioneros, moriremos como el Che". La prédica constante de morir por la Revolución nos acompañaba en el día a día estudiantil. La preparación militar desde los primeros años también era obligatoria, recuerdo cómo a los

9 años ya éramos expertos desarmando y armando las ametralladoras AK47 rusas, que supuestamente debíamos utilizar cuando los "gringos" nos atacaran y vinieran a matar a nuestras madres y hermanas, como nos decía el instructor de armamento que nos atendía. Esas armas nuca se llegaron a usar con tales fines, pues nunca en 54 años nos invadieron los norteamericanos.

La mayoría de los cubanos jamás conocimos la realidad detrás del asesino Ernesto Che Guevara por quien debíamos gritar todos los días que queríamos ser como él. El Che como le llaman al Mike Mouse comunista que importó Fidel Castro desde la Argentina, fue un asesino sin límites, hay muchas historias de testigos de los actos atroces que este sujeto cometió contra nuestro pueblo pero en los carnés de los jóvenes internacionalistas cubanos que enviaron a luchar a Angola había un escrito con las palabras del Che que describe con claridad cuáles eran los verdaderos sentimientos detrás de aquel barbudo con gorra negra y una estrella en la frente del que muchos ignorantes de su realidad visten una camiseta, reloj o gorra con su imagen, las palabras de este vil asesino en aquel carnet decían así "El odio como factor de lucha, el odio intransigente al enemigo, que impulsa más allá de las limitaciones naturales del ser humano y lo convierte en una eficaz, violenta, selectiva y fría máquina de matar. Nuestros soldados tienen que ser así: un pueblo sin odio no puede triunfar sobre un enemigo brutal." A este individuo con estos pensamientos teníamos que emular los niños y jóvenes cubanos.

Casos Reales

La masacre de Río Canímar

Matanzas, Cuba
6 de Julio de 1980

El domingo 6 de julio de 1980, establecido como el Día del Niño, un sinnúmero de personas mayores de edad, y algunos llevando a menores abordaron en el Centro de Recreo Caminar la embarcación adaptada para excursión "XX Aniversario".

Según una investigación de la emisora Radio Martí, que fue trasmitida en un programa de más de media hora el jueves 5 septiembre de 1985 y titulado "La Matanza del Río Canímar", basada en entrevistas a unas 20 personas residentes en Cuba, y de las cuales varias hablaron en el programa sin decir sus nombres por razones obvias, reseñamos lo siguiente:

Que el 6 de julio de 1980 cuando los sucesos del llamado éxodo marítimo del Mariel, una embarcación de recreo llevando entre 70 y 100 pasajeros de paseo por el Río Canímar, fue tomada por unos tres o cuatro jóvenes militares armados que a punta de pistola amenazaron al capitán del barco para que pusiera rumbo a los Estados Unidos, y en ese momento un miembro de la Seguridad del

Estado que iba en el barco sacó su pistola y fue muerto por los secuestradores.

Al entrar el barco turista en la Bahía de Matanzas, los guarda-fronteras se percataron de lo que sucedía, y mandaron una patrulla marítima que les hizo varios disparos de advertencia, pero la nave no se detuvo. Pasados unos minutos otra lancha de los guarda-fronteras apareció en la escena además de un aeroplano, y como la embarcación turística seguía su curso norte, las patrullas del régimen comenzaron a dispararle directamente. Aunque la andanada de balas era intensa por parte de los guarda-fronteras, el "XX Aniversario" no se detenía, y fue en ese momento que se apareció una draga, embistió el barco turístico, y provocó su hundimiento, y por consiguiente la pérdida de vidas de un indeterminado número de personas.

En las entrevistas realizadas por Radio Martí, algunos dijeron que ese día había mucha movilización de militares en Matanzas, y que las funerarias velaban a un inusual número de cadáveres. Este programa lo repitió varias veces Radio Martí.

Rescatamos aquí los nombres de algunos masacrados en esta operación: Sergio Águila Yanes; Mirta de Armas Naranjo; Onelia Quintana; Delio Gómez González; Marisol Martínez Aragonés (menor); Osmany Rosales Valdés (menor); Juan Domínguez Alfonso; Vicente Fleitas Cabrera; Lilián González López (menor); Marisel San Juan Aragonés (menor); José San Juan.

El 11 de septiembre de ese año 1985, el periodista Tomás Regalado que en ese tiempo trabajaba para el periódico en español del Miami Herald, publicó un artículo titulado "Más para Radio Martí", de donde tomamos los siguientes párrafos:

En horas de la mañana del 6 de julio de 1980, se iniciaba en el teatro 'Atenas' la Asamblea de Renovación y

Ratificación de Mandatos del Partido Comunista en la provincia de Matanzas; presidía esa asamblea Julián Rizo Álvarez, entonces primer secretario del Partido en la provincia de Matanzas, y junto a él entre otros se encontraba el mayor Romelio Pérez León, jefe del Ministerio del Interior en la ciudad de Matanzas. Alguien se acerca a Julián Rizo y le habla en voz baja, y éste airadamente toma el micrófono y grita: "Compañeros, queda suspendida esta actividad por motivo de una emergencia". Acto seguido, Rizo, Pérez León y más de una veintena de funcionarios y ayudantes abordaron sus autos y se dirigieron a la ribera del río Canímar, casi en su desembocadura en la bahía de Matanzas. Allí, en la posta de los guarda-fronteras, tirado aún sobre una pequeña chalupa, se encontraba el cadáver de un agente del Ministerio del Interior con un balazo en el pecho, y junto a él, sollozando, el capitán del barco de turismo del Canímar, quien contó lo que había ocurrido: Que minutos después de haber iniciado el viaje de turismo río arriba, cuatro personas, tres jóvenes reclutas del servicio militar y un sargento de tercera que habían logrado entrar como pasajeros en el barco ocultando cada uno una pistola Makarov y dos AKM-- habían asumido el control de la embarcación, un barco de ferro-cemento construido en los astilleros de Cárdenas y que había sido modificado, incluso mediante la colocación de asientos en el techo. El custodio extrajo un M-52 para hacer frente a los jóvenes, y estos le dieron muerte. Más tarde le dieron permiso al capitán para que llevara el cadáver a la orilla en una pequeña chalupa que tenía el barco. Ya en esos momentos, el barco conducido por uno de los jóvenes, navegaba hacia la bahía. Julián Rizo, dirigiéndose al mayor Pérez León, le gritó: "De ahí no pueden irse", señalando hacia lo que se conoce como el bolso de la bahía de Matanzas. En esos momentos una lancha que patrullaba el río San Juan llegó a toda máquina al lugar y minutos después una avioneta de fumigación agrícola hizo dos pases sobre el barco, disparando contra la embarcación. La lancha patrullera hizo también disparos y cayó muerto uno de los jóvenes que habían asumido el control de la nave.

Llegaron otras dos lanchas e hicieron un cerco a la nave secuestrada que ya había parado sus motores; los jóvenes ordenaron que las mujeres y los niños bajaran a los camarotes. Rizo, histérico, repetía que no podían "salir de la bolsa de la bahía", y mirando una draga o arenera en el muelle, ordenó que varios tiradores la abordaran y le partieran "para arriba al barco". Y así fue. La pesada draga golpeó el barco, pero nada ocurrió; el segundo golpe, sin embargo, fue fatal, el barco se partió en dos y se hundió en segundos; las lanchas patrulleras rescataron a ocho de los pasajeros y a los tres jóvenes, 11 sobrevivientes en total, se recogieron unos 10 cadáveres; el resto quedó atrapado en los camarotes.

Al siguiente día, oculta en una página interior del periódico matancero "Girón", se publicó una nota de tres líneas donde se informó que se frustró un intento de salida ilegal del país, y nada más.

Nota de CS: En el relato del capitán hay algunas incongruencias, como que los disparos hechos desde la avioneta o la lancha patrullera que llegaron primero a la escena, mataron a uno de los asaltantes.

Pero como expresamos con anterioridad, lo trascendental de este caso es la masacre que efectuó el régimen comunista contra niños y mujeres que eran en su mayoría los ocupantes del barco.

Luego de estas trasmisiones de Radio Martí, y los artículos que aparecieron en los periódicos El Miami

Herald, el San Francisco Chronicle, el Philadelphia Inquirer y otros medios de prensa en Estados Unidos, de Europa y Latinoamérica, fueron saliendo en forma esporádica más datos de la masacre del Canímar y que muchos cubanos en el exilio daban a conocer.

Julián Rizo Álvarez, entonces secretario del Partido Comunista de Matanzas, dio en la escena del crimen la orden del ametrallamiento (por supuesto previa confirmación con la jerarquía de La Habana). A los escasos cinco meses de los hechos, lo nombraron a la Secretaria del Partido Comunista a nivel nacional en el II Congreso del PCC (Diciembre 1980). Después en el III Congreso del PCC, por sus "méritos" dentro de la tiranía, a Rizo lo nombraron miembro alterno en el Politburó, y en el IV Congreso del PCC continuó en el Politburó (octubre de 1991).

El "Hombre Nuevo" para exportación militar

El "Hombre Nuevo" de la Revolución debía estar dispuesto a dar la vida no sólo por la patria, pero también por cualquier otro país al que fuera designado por los empecinados caprichos del dictador en jefe.

Más de 2.000 jóvenes cubanos perdieron la vida en la guerra fratricida en que el dictador enfrascó a los cubanos en Angola. Según datos oficiales, por Sudáfrica llegaron a pasar 377.033 militares cubanos. La gran mayoría eran jóvenes inexpertos, miembros del servicio militar obligatorio que no tenían experiencia en guerras y mucho menos entrenamiento militar previo, lo cual provocó la muerte de tantos jóvenes cubanos.

El 6 de diciembre de 1989 fueron trasladados a Cuba parte de los restos en la llamada "Operación Tributo". Al comienzo de la guerra hubo un momento en que se

43

prohibió trasladar los muertos a Cuba y se agruparon en un cementerio dentro de la misión militar en Luanda, para evitar depredaciones. Esto, por supuesto, no incluye a los desaparecidos

Las tropas cubanas estuvieron cerca de 16 años en Angola y los últimos soldados regresaron a Cuba el 25 de mayo de 1991.

"Había tantos barcos cubanos anclados en la bahía de Luanda, que el presidente Antonio Agostinho Neto, contándolos desde su ventana, sintió un estremecimiento de pudor muy propio de su carácter. 'No es justo', le dijo a un funcionario amigo. 'A este paso, Cuba se va a quedar sin hombres"

"La libertad cuesta muy cara, y es necesario, o resignarse a vivir sin ella, o decidirse a comprarla por su precio"

José Martí

Casos Reales

Crimen y hundimiento del remolcador 13 de Marzo

"13 de Marzo"
Regla, La Habana.

Una Historia que también causó conmoción Internacional debido a la barbarie cometida por los guardacostas y esbirros del Ministerio del Interior cubano, que asesinó a hombres, mujeres y niños en uno de los más crueles capítulos que guarda la historia de los balseros: el hundimiento del remolcador "13 de Marzo".

El día 13 de julio de 1994 a las 3:00 a.m. aproximadamente, 68 personas de nacionalidad cubana que intentaban salir de la Isla con dirección a los Estados Unidos se hicieron a la mar en un remolcador "13 de Marzo", reparado en su totalidad y con un motor nuevo) al servicio de Fidencio Ramel Prieto, jefe de operaciones del puerto de La Habana y secretario del Partido Comunista de Cuba en aquel lugar, desde el puerto ubicado en la ciudad de La Habana. La embarcación utilizada para la huida pertenecía a la Empresa de Servicios Marítimos del

Ministerio de Transportes.

Según testigos presenciales que sobrevivieron al naufragio, apenas zarpó el remolcador "13 de Marzo" del puerto cubano, comenzaron a ser perseguidos por dos barcos ("Polargo 2" y "Polargo 3") de la misma empresa estatal. A unos 45 minutos del viaje, cuando se encontraba a siete millas de distancia de las costas cubanas -y luego de que trataron primeramente de acorralarlo en un lugar conocido como "La Poceta"-, otra embarcación ("Polargo 5"), perteneciente a la mencionada empresa, se sumó. Iban equipadas con tanques y cañones de agua.

La embarcación de la empresa estatal cubana denominada "Polargo 2" bloqueó por delante al viejo remolcador "13 de Marzo", mientras la otra embarcación denominada "Polargo 3" la embistió por detrás y le partió la popa. Las embarcaciones estatales se ubicaron en los laterales ("Polargo 3" y "Polargo 5") y les lanzaron agua a presión -a todas las personas que se encontraban en la cubierta- desde los cañones que poseían. La presión de los chorros es igual a 1500 Kg F por pulgada cuadrada y utilizaba agua salada extraída del mismo mar. Nunca terminaban los chorros.

El clamor de las mujeres y niños que se encontraban a bordo en la cubierta del remolcador "13 de Marzo" no impidió que cesara el ataque. Dicha embarcación se hundió con un saldo de 37 personas muertas.

Muchas de las personas perecieron en el naufragio debido a que se vieron obligadas a refugiarse en el cuarto de máquinas por la alta presión de los chorros de agua que les lanzaban a todos los que se encontraban en la cubierta.

Lanchas guarda fronteras se encontraban en la escena un poco alejadas para que el hecho no tuviera matices militares, pero estaban allí contemplando el genocidio. Los sobrevivientes de la tragedia afirman que están vivos por un milagro, pues en el instante en que estaban a punto de morir, apareció un barco griego por las cercanías, y al notar las lanchas guarda-fronteras que sus oficiales y tripulantes estaban viendo el hecho, decidieron finalmente prestar socorro. Estaban actuando al parecer con la idea de no dejar testigos. Gracias al barco griego hay 31 sobrevivientes.

Los sobrevivientes también afirman que los tripulantes de los tres barcos estatales ("Polargo 2", "3", "5") no prestaron socorro a las víctimas. Regresaron a sus espigones vacíos. Una vez rescatados los que quedaron con vida fueron trasladados al puesto de guardacostas cubano de Jaimanitas, ubicado al oeste de La Habana cerca de la casa oficial del dictador Fidel Castro. De allí, fueron trasladados al Centro de Detención de "Villa Maristas", que también funciona como Cuartel General de la Seguridad del Estado. Las mujeres y los niños fueron liberados y los hombres permanecieron detenidos.

G. Martínez, uno de los sobrevivientes, relató con lágrimas en los ojos, y aun recordando ese triste momento, cómo los golpes propinados a la embarcación por parte de los guardacostas cubanos hacían que las personas cayeran al mar, cómo los chorros de agua a presión que utilizan para apagar incendios en los barcos mercantes los lanzaban al aire, caían inconscientes, y se hundían delante de sus ojos. Contó, además, cómo su esposa y su hijita de 6 meses también cayeron al mar y cómo a gritos él le decía a su mujer que tratara de salvar a la niña mientras él trataría de salvar a su hijo, pero se le hacía casi imposible poder sostenerlo por lo revuelto que estaba el mar a causa de los círculos que las embarcaciones trazaban para crear un remolino y lograr hundir la embarcación y a todos sus tripulantes, el remolcador ya con una perforación en su costado comenzaba a hacer agua y a hundirse ante sus ojos.

Martínez cuenta cómo en la desesperación por salvar sus vidas, él y su hijo lograron aferrarse a una nevera vacía que pasó flotando a su lado, y que cuando buscó en la oscuridad a su esposa y a su hijita para llevarlas con ellos a la nevera, no pudo llegar a tiempo y las vio con gran dolor y desesperación cómo se hundían delante de sus ojos hasta desaparecer en la profundidad del mar. Dijo que fue aquél el momento más doloroso que ha vivido, y evocarlo le trae los más amargos y tristes recuerdos que viven con él cada minuto de su existencia. Martínez nos contó cómo mientras permanecían aferrados a la nevera, vio cómo una de las embarcaciones "Polargo" se dirigía directamente sobre ellos y cómo a pocos metros de distancia vio una luz muy fuerte y oyó un sonido ensordecedor que hizo que la embarcación se desviara y no les pasara por encima quitándoles a ellos también la vida. Hoy G.Martínez y su hijo viven en los Estados Unidos, pero los recuerdos de ese trágico día no los abandonan ni un instante.

Negativa de la Dictadura cubana a entregar los cadáveres de las víctimas

En los días posteriores al naufragio, familiares de las víctimas que perecieron ahogadas se dirigieron a las autoridades cubanas a fin de rescatar los cuerpos que se encontraban en el fondo del mar. La respuesta oficial fue que no contaban con buzos especializados para encontrar los cadáveres.

Las autoridades cubanas dicen que no contaban con medios de izaje para sacar a flote la embarcación y rescatar a los muertos. El perito dijo a uno de los sobrevivientes (Jorge García Mas), que el remolcador "13 de Marzo" estaba hundido en un punto a 3,5 km de profundidad, el sobreviviente le desplegó una Carta Náutica que llevaba consigo e increpó al perito a que buscara esa cota de profundidad en el mapa, cosa que no podía hallar porque la cota mayor en ese sitio no rebasa los 800 metros. Jorge afirma que ellos tenían dos medios importantes para sacar el remolcador: La grúa "Pablo Sandoval" y la "Mágnum XII" (capaces de izar embarcaciones gigantescas hundidas a más de 1000 metros) y que si ésa fuera la razón por la cual no le entregaron el cadáver de su nieto, que se ahogó en la superficie, o el cadáver de Fidencio Ramel, que fue impactado por un chorro de agua y se ahogó en la superficie también, por qué no le entregaron el cadáver de Rosa M. Alcalde a sus familiares, que sirvió de sostén a muchos sobrevivientes que lo imaginaron una balsa porque flotaba.

La organización sin fines de lucro "Hermanos al Rescate" -dedicada a salvar a los balseros cubanos que intentaron escapar de la isla- solicitó autorización al gobierno cubano para sobrevolar el lugar de los hechos a fin de ayudar a buscar los cadáveres, pero la petición fue rechazada de inmediato. Ninguno de los cuerpos de los ahogados ha sido encontrado por las autoridades cubanas hasta la fecha, a pesar de que el hundimiento del barco remolcador "13 de Marzo" tuvo lugar en aguas territoriales cubanas.

Nombres de las Victimas

Niños asesinados

1- Hellen Martínez Enríquez. . . . . 5 meses
2- Xicdy Rodríguez Fernández. . . . . 2 años
3- Angel René Abreu Ruiz. . . . . 3 años
4- José Carlos Nicle Anaya. . . . . 3 años
5- Giselle Borges Álvarez. . . . . 4 años
6- Caridad Leiva Tacoronte . . . . 5 años

7- Juan Mario Gutiérrez García . . . . 10 años
8- Yasser Perodín Almanza . . . . 11 años
9- Yousell Eugenio Pérez Tacoronte . . . . 11 años
10- Eliecer Suárez Plasencia. . . . . 12 años

Jóvenes asesinados

11- Mayulis Menéndez Tacoronte . . . . 17 años
12- Miladys Sanabria Cabrera . . . . 19 años
13 - Joel Garcia Suárez . . . . 20 años
14- Odalys Muñoz García . . . . 21 años
16- Yuliana Enríquez Carrazana . . . . 22 años
17- Lissett María Álvarez Guerra . . . . 24 años
18- Jorge Gregorio Balmaseda Castillo . . . . 24 años
19- Ernesto Alfonso Loureiro . . . . 25 años
20- María Miralis Fernández Rodríguez . . . . 27 años
21- Jorge Arquímedes Levrígido Flores . . . . 28 años
22- Leonardo Notario Góngora . . . . 28 años
23- Pilar Almanza Romero . . . . 31 años
24- Rigoberto Feu Gonzalez . . . . 31 años
25- Omar Rodriguez Suárez . . . . 33 años
26- Lázaro Enrique Borges Briel . . . . 34 años
27- Martha Caridad Tacoronte Vega . . . . 35 años
28- Julia Caridad Ruiz Blanco. . . . . 35 años

Adultos asesinados

29- Eduardo Suarez Esquivel. . . . . 38 años
30- Martha M. Carrasco Sanabria . . . . 45 años
31- Augusto Guillermo Guerra Martinez. . . . . . . 45 años
32- Rosa María Alcalde Puig. . . . . 47 años
33- Estrella Suarez Esquivel . . . . 48 años
34- Reynaldo Joaquín Marrero Álamo . . . . 48 años
35- Amado González Raíces . . . . 50 años
36- Fidencio Ramel Prieto Hernández . . . . 51 años
37- Manuel Cayol . . . . 50 años

Descansen en Paz,

Cuba siempre va a recordarlos, y un día, cuando la libertad llegue al suelo patrio, los asesinos serán juzgados por los crímenes cometidos.

El "Hombre Nuevo" para exportación laboral
De médico a Balsero

La creación de escuelas y universidades médicas por todo el país fue una de las misiones que Fidel Castro encargó a su grupo. Había que acelerar la formación de médicos en masa costara lo que costara ya que éste sería uno de los renglones de exportación de los que más adelante tendría que obtener el país sus divisas para poder subsistir como resultado del derrumbe sufrido por el bloque socialista en Europa y el colapso de su mayor sustento, Rusia.

Primero había que crear una campaña internacional donde se diera a conocer los "logros" de la Revolución en dos frentes, uno la educación y el otro la salud. Cuba tenía que alzarse ante América Latina como la primera potencia regional en estos dos temas para poder sacarle provecho económico. Fue así como de las escuelas universitarias de medicina comenzaron a salir médicos como longanizas. En cada cuadra había un médico que atendía a 120 familias. La idea parecía buena y el pueblo la aceptó como tal.

Construyeron unas casas de dos pisos donde el médico vivía arriba y abajo estaba la consulta. En mi caso, hicimos muy buena relación con el doctor que nos tocó en la cuadra, quien al principio estaba muy contento porque pocos meses después de haberse graduado ya tenía casa y oficina para trabajar. Esta alegría le duró muy poco, pues los vecinos comenzaron a tocarle a la puerta a altas horas de la noche para pedir sus servicios porque alguien tenía fiebre o la presión alta. En las primeras semanas muy gustosamente el doctor se despertaba a las 2 de la mañana, corría escaleras abajo y atendía a sus pacientes que también eran sus vecinos. Al cabo de poco tiempo la consulta comenzó a abrir a las 12 del mediodía, porque eran tantas las personas que despertaban al doctor a media noche que ya no descansaba y tenía que dormir en la mañana para poder trabajar después. Su esposa fue también cambiando de carácter a medida que más y más personas interrumpían su vida familiar y matrimonial. Ella, que hizo muy buena relación con mi mamá, le contaba que en ocasiones estaba haciendo el amor cuando los vecinos tocaban a la puerta y le interrumpían la intimidad matrimonial. También le contó que otros médicos de familia tenían las mismas quejas cuando se reunían a compartir en una que otra reunión del Partido Comunista de Cuba, al punto que llegaron a expresar su incomodidad a los jefes. Ellos, como un llamado de atención, les advirtieron que ni se les ocurriera prohibir a los vecinos que tocaran a las puertas a altas horas de la noche, porque ésta era una orientación de alto nivel y en especial del Comandante en Jefe, esta advertencia fue suficiente para que nunca más tocaran el tema.

El servicio del médico de la familia fue perdiendo efectividad a pasos agigantados. Cada vez abrían más tarde las consultas y menos días a la semana. Había días completos en que la enfermera era quien atendía a los pacientes porque el doctor tenía que dormir y descansar de las malas noches que le hacían pasar sus vecinos pacientes. Un día se regó la noticia por toda la cuadra de que el médico salía de misión internacionalista a Bolivia por unos convenios firmados entre Cuba y ese país para abastecer de médicos a las zonas rurales bolivianas, y se informó que el consultorio estaría varios meses sin brindar el servicio médico. Por tal motivo, todos sus pacientes fueron asignados a otro médico cercano, lo cual provocó que este doctor tuviera prácticamente que dormir de día y trabajar de noche por la cantidad de casos que le tocaban a la puerta noche tras noche. Pasaron los meses asignados al doctor para su misión en Bolivia, y todo el barrio se sorprendió al verlo regresar porque su actitud venía cambiada por completo. Su esposa contó que el haber vivido en Bolivia por tantos meses bajo condiciones diferentes a las de Cuba, el doctor conoció un mundo nuevo y totalmente opuesto al que servía de marco a su vida en Cuba. Había mucha pobreza, pero era material, no de valores como estaba acostumbrado a ver en Cuba. Ese viaje le hizo abrir los ojos y darse cuenta del tipo de sistema que teníamos en nuestro país. Su regreso a la Isla fue una doble lección: volver al país donde sus esfuerzos no tenían sentido, su sacrificio nunca era suficiente y su dedicación muy, pero muy mal remunerada. Su cabeza quedó dando vueltas desde el regreso de Bolivia, al punto de estar siempre pendiente de quiénes planeaban salir del país de forma ilegal para ir acercándose a la oportunidad de un día poder irse él también. En una de sus visitas médicas a los hogares de los vecinos del consultorio llegó a una casa donde la puerta estaba abierta, y después de llamar y llamar nadie le contestó. Como ésta era una familia conocida, decidió pasar hasta el fondo de la casa y tampoco encontró a nadie. Entonces sintió unos martilleos que venían del fondo del patio específicamente de una casa vieja que servía de almacén de trastos a la familia. Al dirigirse a ella los martilleos se hicieron más y más fuertes, empujó la vieja puerta de madera y al entrar se sorprendió de lo que sus ojos fueron testigos: Ramón, el hijo mayor de una vecina llamada Violeta, estaba construyendo una embarcación. Cuando Ramón vio al médico su sorpresa fue enorme y su rostro cambió de color como si hubiera visto al mismo diablo. De un salto trató de cubrir la embarcación con una manta de saco que tenía preparada para ello desde hacía mucho tiempo, pero ya era tarde, el médico era testigo de lo que estaba planeando: una salida ilegal del país. Ramón trató de darle muchas excusas y pretextos del porqué estaba construyendo esa embarcación escondido en el patio de su casa, pero nada de lo que dijo convenció al galeno, quien después de escucharlo le dijo que no se preocupara, que todo estaría bien. Ésta era la oportunidad que el médico estaba esperando desde que regresó de Bolivia y no la podía dejar pasar. Ramón. al ver que no convenció al médico con las excusas que le dio, trató entonces de buscar su complicidad diciéndole que si él hablaba a alguien de lo que había visto podría costarle muchos años de prisión y el sufrimiento de su madre. El médico decidió dar el paso que tenía en mente, y como un resorte le expuso a Ramón la idea que lo tenía sin dormir desde hacía mucho tiempo, y esa falta de sueño no se debía precisamente los pacientes en la madrugada buscando sus servicios profesionales. Así que se llenó de valor y le dijo que él quería ser parte de esa expedición en busca de libertad. Entonces, se sentó en un cajón de madera y le explicó a Ramón cómo después de estar por largo tiempo en Bolivia, su visión sobre la vida había cambiado y cómo su principal deseo oculto era escapar en busca de una nueva existencia en el extranjero, fuera donde fuera, pero lejos de Cuba.

Ramón le dijo que lo pensaría y consultaría con los demás miembros del grupo que planeaba la huida y le avisaría la decisión que tomara. Dos días después Ramón pasó por el consultorio, y pidiéndole un momento en privado se sentaron para darle la noticia:

--Doctor, usted es parte del grupo. Algunos hicieron un poco de oposición al principio, pero logré convencerlos de que necesitaríamos un médico por si algo nos sucedía poder tener a alguien que nos ayudara médicamente; así que al final todos aceptaron. Nos vamos en 5 días.

El resto es historia. A los 5 días el grupo se lanzó al mar incluyendo al médico, y tras 3 días de navegación en aquella rústica balsa llegaron a los cayos de la Florida. Ninguno tenía familiares allí, pero juntos consiguieron un lugar donde albergarse y comenzaron a trabajar en diferentes ocupaciones. El médico consiguió un empleo como asistente de enfermero en una clínica privada, y allí comenzó su carrera como enfermero hasta graduarse y pasar a trabajar a uno de los hospitales más importantes del estado. Comenzó una nueva vida en tierras de libertad y nunca olvidó que después de sacrificar su juventud por una revolución que no valía la pena, tuvo que convertirse en balsero para poder llegar a un país extraño y hacer sus sueños realidad: la realidad de vivir libremente y ejercer la profesión que siempre le gustó, pero con el verdadero reconocimiento a sus esfuerzos.

La exportación de médicos cubanos a Latinoamérica ha sido uno de los negocios más lucrativos para la dictadura cubana: miles y miles de profesionales son "alquilados" cada año a diferentes países que pagan más dinero al régimen cubano de lo que un médico gana en ese país. Sin embargo, esos médicos reciben tan sólo una ínfima parte de lo acordado por su trabajo entre ambos gobiernos. Un médico cubano en misión internacionalista gana aproximadamente $300 mensuales más su salario que asciende a los $700 pesos cubanos (tomemos en consideración que un dólar cuesta $22 pesos) la razón es que la dictadura negocia con organizaciones internacionales de ayuda el envío de batallones médicos a cualquier país de la región por un costo de $25,000 mensuales por médico, ese país debe proveer además alojamiento y alimentación en la zona que sea asignado el médico aparte de lo que el régimen cubano recibe por sus servicios.

Muchos han sido los médicos cubanos que han tomado la decisión de subirse a una balsa y escapar de Cuba por las condiciones con que allí viven; otros han terminado por cargar maletas en hoteles para extranjeros, porque así viven mejor con las propinas que allí reciben que con el salario en pesos que le pagan por ir al hospital en bicicleta, aguantar las peroratas en las reuniones del Partido Comunista sin poder quejarse de la escasez de medicamentos ni de la falta de higiene en los hospitales, además de pasar 8 horas haciendo operaciones de corazón abierto, para que al final del día fuera valorado como un simple cortador de caña o un chofer de autobús .

Casos Reales

Tragedia y muerte en Cayo Perro

Isabela de Sagua, Villa Clara

El 29 de Abril de 1997 un grupo de 14 cubanos salieron de Isabela de Sagua en la costa norte de la provincia de Villa Clara, rumbo a las costas de la Florida en busca de libertad. El día parecía perfecto para lazarse al mar y comenzar la travesía que tanto habían soñado y planeado, y así lo hicieron.

Tras muchas horas en el mar una tempestad llevó la embarcación a zozobrar en un muy árido islote cerca de las Bahamas llamado Cayo Perro, allí estuvieron sobreviviendo a la intemperie por 17 días, sin agua y sin comida, alimentándose sólo de babosas y gaviotas. Dos hombres decidieron construir una balsa y salir sin rumbo exacto en busca de ayuda. Nunca más se supo de ellos.

En aquel Islote murieron 3 de los balseros, Camila Martínez de 4 años, Adianet Tamayo Rodríguez de 13 años y el joven capitán de la embarcación Leonin Ojeda Rivas, de 26 años de edad.

Tras indicaciones de los sobrevivientes, las Fuerzas Reales de las Bahamas recuperaron los cadáveres , dos miembros de la Fundación Nacional Cubanoamericana, Elpidio Núñez y Ninoska Pérez Castellón, acompañados por familiares de los balseros, salieron en la embarcación de Elpidio, "My Dream", rumbo a Cayo Perro a recoger los cadáveres. Cuenta Ninoska que el olor de los cuerpos descompuestos los guió hasta las tumbas improvisadas donde los habían colocado. Estaban juntos en un tumulto de piedras marcadas por un rosario, caracoles y dos abanicos de coral. Allí estaban los cuerpos de Camila y Adianet. A poca distancia hallaron los restos del capitán Leonin.

Allí, el reverendo Mark Pendelton realizó una breve ceremonia religiosa, en la cual bautizó el cuerpo sin vida de Camila, mientras dos médicos forenses examinaron los restos, y tras preparar un informe las autoridades bahameses entregaron los cadáveres a los familiares envueltos en banderas cubanas para que fueran trasladados a Miami, donde fueron embalsamados y preparados para dar lugar a un servicio fúnebre privado y recibir cristiana sepultura.

"¡Que se vayan!, ¡No los queremos!"

"¡Que se vayan! ¡No los queremos! ¡No los necesitamos!" -fueron las palabras de Fidel Castro a los que a comienzos de la dictadura en 1959 se marchaban al exilio por no compartir los ideales comunistas "Los que no estén dispuestos a compartir los sacrificios por la Revolución, ¡que se vayan! ¡No los queremos!, ¡No los necesitamos!" Así bautizaba el dictador a quienes por sólo pensar de manera diferente decidían la partida ante aquel proceso sociopolítico que se convirtió al pasar de los años en la pesadilla más larga que ha vivido el pueblo cubano en los 54 años de dictadura comunista.

Pero, ¿por qué se iban esos cubanos si aún no conocían en carne propia las consecuencias del totalitarismo? ¿Por qué corrían en desbandada al exilio si aún no se conocían los desmanes que cometiera años después el dictador? He oído decir a muchas personas que los que salieron de Cuba en el 1959 hasta 1965 fueron adivinos ante lo que le venía encima al pueblo cubano. Esos que marcharon al exilio con toda su familia sabían que el que se había entronizado en La Habana era un régimen totalitario que costaría mucho sacar del poder, por ende pusieron a sus seres queridos a salvo sin pensarlo dos veces.

Muchos fueron visionarios de lo que le depararía al pueblo cubano la nueva revolución, pero lo que viene a continuación fue, a mi entender, lo que debió haberse convertido en el grito de alerta a un pueblo adormecido por un grupo de facinerosos. A mis manos llegó una copia del discurso pronunciado por Rafael Diaz-Balart ante el congreso cubano en 1955, donde les advirtió a sus colegas y al mismo Batista cuáles serían las consecuencias si ese pleno aprobaba una amnistía para los presos políticos de aquella época entre los que se encontraban Fidel y Raúl Castro. A continuación reproduzco el discurso integro. Tenga usted en consideración que estas palabras fueron dichas por Diaz -Balart en 1955.

La Amnistía

"Señor Presidente y Señores Representantes:

"He pedido la palabra para explicar mi voto, porque deseo hacer constar ante mis compañeros legisladores, ante el pueblo de Cuba y ante la historia, mi opinión y mi actitud en relación con la amnistía que esta cámara acaba de aprobar y contra la cual me he manifestado tan reiterada y enérgicamente.

"No me han convencido en lo más mínimo los argumentos de la casi totalidad de esta Cámara a favor de esa amnistía.

"Que quede bien claro que soy partidario decidido de toda medida a favor de la paz y la fraternidad entre todos los cubanos, de cualquier partido político o de ningún partido, partidarios o adversarios del gobierno. Y en ese espíritu sería igualmente partidario de esta amnistía o de cualquier otra amnistía. Pero una amnistía debe ser un instrumento de pacificación y de fraternidad, debe formar parte de un proceso de desarme moral de las pasiones y de los odios, debe ser una pieza en el engranaje de unas reglas de juego bien definidas, aceptadas directa o indirectamente por los distintos protagonistas del proceso que se esté viviendo en una nación.

"Y esta amnistía que acabamos de votar desgraciadamente es todo lo contrario. Fidel Castro y su grupo han declarado reiterada y airadamente, desde la cómoda cárcel en que se encuentran, que solamente saldrán de esa cárcel para continuar preparando nuevos hechos violentos, para continuar utilizando todos los medios en la búsqueda del poder total a que aspiran. Se han negado a participar en todo proceso de pacificación y amenazan por igual a los miembros del gobierno que a los de oposición que deseen caminos de paz, que trabajen a favor de soluciones electorales y democráticas, que pongan en manos del pueblo cubano la solución del actual drama que vive nuestra patria.

"Ellos no quieren paz. No quieren solución nacional de tipo alguno, no quieren democracia ni elecciones ni confraternidad. Fidel Castro y su grupo solamente quieren una cosa: el poder, pero el poder total, que les permita destruir definitivamente todo vestigio de Constitución y de ley en Cuba, para instaurar la más cruel, la más bárbara tiranía, una tiranía que enseñaría al pueblo el verdadero significado de lo que es tiranía, un régimen totalitario, inescrupuloso, ladrón y asesino que sería muy difícil de derrocar por lo menos en veinte años. Porque Fidel Castro no es más que un psicópata fascista, que solamente podría pactar desde el poder con las fuerzas del comunismo internacional, porque ya el fascismo fue derrotado en la Segunda Guerra Mundial, y solamente el comunismo le daría a Fidel el ropaje pseudo-ideológico para asesinar, robar, violar impunemente todos los derechos y para destruir en forma definitiva todo el acervo espiritual, histórico, moral y jurídico de nuestra república.

"Desgraciadamente hay quienes, desde nuestro propio gobierno tampoco desean soluciones democráticas y electorales, porque saben que no pueden ser electos ni concejales en el más pequeño de nuestros municipios.

"Pero no quiero cansar más a mis compañeros representantes. La opinión pública del país ha sido movilizada a favor de esta amnistía. Y los principales jerarcas de nuestro gobierno no han tenido la claridad y la firmeza necesarias para ver y decidir lo más conveniente al Presidente, al Gobierno y, sobre todo, a Cuba. Creo que están haciéndoles un flaco servicio al Presidente Batista, sus ministros y consejeros que no han sabido mantenerse firmes frente a las presiones de la prensa, la radio y la televisión.

"Creo que esta amnistía tan imprudentemente aprobada, traerá días, muchos días de luto, de dolor, de sangre y de miseria al pueblo cubano, aunque ese propio pueblo no lo vea así en estos momentos.

"Pido a Dios que la mayoría de ese pueblo y la mayoría de mis compañeros Representantes aquí presentes, sean los que tengan la razón".

"Pido a Dios que sea yo el que esté equivocado".

"Por Cuba."

Rafael Diaz Balart

Casos Reales

25 muertos en la costa norte de Cuba

Santa Cruz del Norte, La Habana
30 de Diciembre 2007

Una lancha rápida salió el jueves 20 de diciembre del 2007 con 30 personas a bordo rumbo a la Florida. El viernes 21 la embarcación fue detectada por tropas guarda-fronteras de Cuba y perseguida a alta velocidad. La lancha, cargada de cubanos, se impactó contra unos arrecifes y dio lugar a una tragedia que culminó con al menos 25 muertos.

Eran las 12:04 am cuando todos los pasajeros se vieron de repente flotando en la oscuridad del profundo mar, según relatos de familiares, sólo pudieron rescatar 11 cadáveres de las turbulentas aguas.

Esta sería la segunda tragedia de cubanos en alta mar en menos de un mes. A comienzos de diciembre se reportó que unos 40 cubanos -entre ellos 12 niños- del poblado de Perico (Provincia de Matanzas) desaparecieron tras salir por la costa norte el 24 de noviembre. Luego de un intenso operativo en el estrecho de la Florida por unidades del Servicio de Guardacostas de estados Unidos, no se hallaron rastros del grupo, que fue declarado perdido.

¿Qué representa para ti la tragedia de los balseros?

Primeramente es algo realmente espantoso que, a cincuenta años de dictadura, todavía sigan muriendo cubanos intentando buscar la libertad. Que jóvenes sin futuro y mucho menos sin perspectivas en el presente, sean protagonistas de una muerte casi segura tratando de cruzar el Estrecho de la Florida, que jamás encuentren la libertad, que lleguen mutilados o enfermos de tanto horror en ese viaje aterrador. Es una tragedia que no termina y no terminará hasta que la dictadura militar de los Castro llegue a su fin. Mientras la indiferencia y la complicidad del Mundo Libre continúen, la represión al pueblo cubano, el encarcelamiento, los fusilamientos y la muerte en el mar, seguirán siendo el destino de los cubanos. Unos porque se rebelan y otros porque huyen de lo peor que les ha tocado vivir en un mundo indiferente a nuestra tragedia. Cuando todo termine, terminará esta desdicha de tantos balseros muertos en el mar. ¡Ojalá sea pronto!

Iliana Curra
Escritora y Expresa política cubana

El embargo de USA y los males de Cuba

Muchos son lo que todos los días salen gritando desaforados que la situación de Cuba cambiaria si USA levantara el embargo que por más de 50 años ha mantenido sobre la dictadura cubana. Algunos han llegado a decir que por culpa del embargo todavía están allí los comunistas cubanos en el poder, y otros que los balseros son un resultado del embargo. Esos comentarios me han hecho detallar un poco el cacareado embargo y la realidad del pueblo cubano. Voy a mencionar solamente lo que sé, y sean ustedes quienes saquen sus propias conclusiones.

El embargo comercial, económico y financiero de Estados Unidos en contra de la dictadura cubana fue parcialmente impuesto en octubre de 1960. Inicialmente el embargo fue una respuesta a las expropiaciones por parte de Cuba de propiedades de ciudadanos y compañías estadounidenses en la Isla. En febrero de 1962, Estados Unidos recrudeció las medidas y el embargo llegó a ser casi total.

En 1992, el embargo adquirió el carácter de ley con el propósito de mantener las sanciones contra la república de

Cuba. Según lo recogido en el Cuban Democracy Act (Acta de la Democracia Cubana)estas sanciones continuarían mientras el gobierno se negara a dar pasos hacia "la democratización y mostrara más respeto hacia los derechos humanos del pueblo cubano".

Posteriormente en 1996, el congreso de los Estados Unidos aprobó la ley llamada Helms-Burton Act. De esta forma se eliminó la posibilidad de hacer negocios dentro de la Isla o con el gobierno de Cuba por parte de los ciudadanos estadounidenses. También quedaron impuestas restricciones sobre el otorgamiento de ayudas públicas o privadas a cualquier sucesor del gobierno de La Habana hasta que por lo menos ciertos reclamos contra el gobierno de Cuba quedaran aclarados.

Este embargo solamente impide la realización de transacciones económicas entre Cuba y Estados Unidos.

En 1999, el presidente Bill Clinton amplió el embargo comercial prohibiendo a las filiales extranjeras de compañías estadounidenses comerciar con Cuba por valores superiores a 700 millones de dólares anuales. No obstante en el 2000 el mismo Clinton autorizó la venta de ciertos productos humanitarios a Cuba.

Durante décadas la política de embargo económico ha sido defendida por sectores del exilio cubano cuyos votos han sido cruciales en el estado de la Florida. Estos sectores del exilio han influido en varios políticos que han terminado adoptando puntos de vista similares.

También la postura de estos cubano-americanos ha generado oposiciones dentro de líderes estadounidenses en el sector de los negocios, cuyos intereses financieros hacen énfasis en el argumento de que el libre comercio sería bueno tanto para Cuba como para Estados Unidos.

A pesar de esta situación, Estados Unidos está entre los cinco principales socios comerciales de Cuba (el 6.6% de las importaciones llegan desde EE.UU), que es además el primer suministrador de productos agrícolas de Cuba. EE.UU suministra el 96% del arroz y el 70% de los productos de carne avícola. Otras importaciones a gran escala provenientes de EE.UU son el trigo, el maíz, la soja y sus derivados.

Actualmente los principales competidores de EE.UU. son la Unión Europea, segundo mayor exportador de productos agrícolas hacia Cuba, seguida por Brasil, Argentina, y Canadá. En total, Cuba importa alrededor de mil millones de dólares. (aclara si es al año)

No obstante, el comercio entre Cuba y Estados Unidos está sujeto a regulaciones y se produce bajo ciertas condiciones. Por ejemplo, Cuba tiene que pagar en efectivo y al contado todos los productos que importa desde EE.UU, ya que este país no le concede ningún tipo de crédito financiero al gobierno de Cuba.

Según estos datos la dictadura cubana puede comprar en USA todo el alimento y medicamento que quiera siempre que pague en efectivo. Claro que todos estos productos serían más económicos si se compraran en Brasil, México, Panamá, Colombia o Venezuela, y aquí me surgen dos preguntas;

1-¿Por qué si los precios de USA son más altos y hay que pagar en efectivo, la dictadura insiste en comprarle?. La respuesta es clara: la dictadura quiere que le levanten el embargo para que las empresas norteamericanas le den créditos y después no pagar, como han hecho con tantos otros países a los que les deben millones y millones de dólares.(Ver documento adjunto)

2- ¿Es el embargo en realidad quien impide que el pueblo de Cuba sea libre? Es el embargo el que encarcela, reprime a mujeres vestidas de blanco con una flor en la mano, impide libertad de partidos, libertad de reunión, viola los derechos humanos del pueblo cubano? ¿Es el embargo el que exige a los cubanos una visa para regresar a su patria? ¿Es el embargo el que tiene una libreta de racionamiento impuesta sobre el pueblo cubano por más de 55 años? (libreta que existía desde cuando los rusos daban miles de millones a Cuba en beneficios de los cuales aun la nueva Rusia reclama alrededor de 25 mil millones a la Habana como herencia del desaparecido estado soviético), mientras los dirigentes y turistas pueden comprar sin regulaciones en las tiendas por dólares los mismos productos que son donados a Cuba por otros países y los comprados en Estados Unidos?

La idea de que, la dictadura no quiere que le levanten el embargo porque es su excusa ante el pueblo y el mundo por sus fracasos, para mí no es válido. La dictadura nunca ha necesitado excusa para hacer lo que ha hecho. Fusiló sin excusa a miles de cubanos opuestos a sus ideas. ¿Qué excusa tuvieron para hundir el remolcador 13 de Marzo? ¿Qué excusa tuvieron para derribar los aviones de Hermanos al Rescate con 4 cubanos a bordo que salvaban las vidas de balseros en el mar? ¿Qué excusa tienen cuando hunden balseros con sacos de arena lanzados desde el aire?

La Dictadura invierte millones de dólares al año en cabildeo ante el congreso de USA para que quienes reciben su dinero como "donaciones de campaña" voten por el levantamiento del embargo y el levantamiento a las restricciones de viajes a los norteamericanos.

El embargo no fue creado para tumbar la dictadura, fue creado para castigar al régimen por haber robado las propiedades de norteamericanos en Cuba y para proteger las empresas norteamericanas de ser estafadas por la dictadura, y la única condición que USA pone para levantarlo, no es que devuelva a sus ciudadanos norteamericanos las propiedades robadas, la única condición es, que le permita al propio pueblo cubano ser en los carnés de los jóvenes internacionalistas cubanos que enviaron a luchar a Angola había un escrito con las palabras del Che que describe con claridad cuáles eran los verdaderos sentimientos detrás de aquel barbudo con gorra negra y una estrella en la frente del que muchos ignorantes de su realidad visten una camiseta, reloj o gorra con su imagen, las palabras de este vil asesino en aquel carnet decían así: "El odio como factor de lucha, el odio intransigente al enemigo, que impulsa más allá de las limitaciones naturales del ser humano y lo convierte en una eficaz, violenta, selectiva y fría máquina de matar. Nuestros soldados tienen que ser así: un pueblo sin odio no puede triunfar sobre un enemigo brutal." A este individuo con estos pensamientos y sentimientos teníamos que imitar los niños y jóvenes cubanos.

Pero ese costo no están dispuestos a pagarlo los dinosaurios que están en el poder.

<u>Casos Reales</u>

Mueren cuatro balseros, tres sobreviven

Jibacoa, La Habana
17 de marzo de 2004

La tragedia tocó a las puertas de un grupo de balseros cubanos que intentaban llegar a las costas de la Florida, cuando cuatro de ellos murieron, uno desapareció, otros dos alcanzaron la playa y una mujer fue rescatada, según informó el Servicio de Guardacostas de Estados Unidos, que llevó a cabo una intensa búsqueda de los cuerpos y del otro balsero reportado como desaparecido.

Los tres sobrevivientes de la dramática travesía, Milena Isabel, de 37 años; William Villavicencio, de 36, y Carlos Lázaro Hernández, de 38, estaban en estado delicado en el Hospital Holy Cross de Fort Lauderdale. Sin embargo, pudieron relatar el momento en que vieron morir a sus compañeros e incluso tuvieron que beber su orina para mantenerse vivos.

Indicaron que pertenecían a un grupo de ocho que salió de Cuba el 17 de marzo del 2004 desde Jibacoa, al este de

La Habana.

Milena, aún bajo los efectos de la deshidratación, dijo a la prensa que vio a morir a su esposo. "Vi ahogarse a todos delante de mis ojos".

Bringiere Hernández señaló que durante la travesía tuvieron que beber orina para sobrevivir. "El tiempo estuvo terrible siempre, las olas alcanzaban los dos metros de alto".

Los desaparecidos fueron Antonio Rodríguez Pantoja, Fernando Aguilera Vargas, Juan Tamayo Muñoz, Angel Mantecón Guevara y Nerisbel Suárez Galán, esposo de González Martínez.

EL éxodo de los balseros en 1994

El 18 de Agosto de 1994 el destino y suerte de los balseros cubanos cambió repentinamente tras una avalancha masiva que con autorización del gobierno de Fidel Castro se lanzó al mar en busca de libertad. Más de 37 mil cubanos fueron rescatados en el Estrecho de la Florida por las fuerzas guardacostas de Estados Unidos y llevados a la base norteamericana de Guantánamo, en Cuba. Allí permanecieron por más de un año. Vivían hacinados en campamentos improvisados por el ejército de los Estados Unidos y bajo las constantes amenazas de la entonces secretaria de justicia de la administración demócrata Clinton, Janet Reno, para que volvieran a Cuba porque según sus propias palabras en aquel mensaje trasmitido a diario, nunca entrarían a los Estados Unidos. Mientras esto ocurría en Guantánamo, el exilio cubano de Miami batallaba incesantemente en Washington tratando de que el gobierno federal de Clinton permitiera la entrada a tierras de Estados Unidos de aquellos hombres, mujeres y niños que buscaban su libertad, por la que fueron capaces de arriesgar sus vidas en el mar.

Varias manifestaciones se hicieron en Miami para presionar a la administración demócrata sin buenos resultados, hasta un día en que numerosos cubanos del exilio cerraron el acceso a la autopista 836, que lleva al aeropuerto internacional de Miami. También bloquearon la entrada al puerto de esta ciudad: los cubanos se acostaron sobre la carretera para impedir que los autos entraran o salieran de estos dos puertos principales del estado de la Florida, lo que provocó que muchos fueran detenidos y encarcelados, pero por cada uno que arrestaban, otros dos se unían al paro, tras muchas horas de interrupción del tránsito, y al paralizarse las operaciones del aeropuerto y del puerto marítimo, la administración Clinton se vio obligada a ceder ante las presiones, y a dar su palabra de permitir que los cubanos vinieran a tierras de libertad. El exilio cubano consiguió así una de las reunificaciones familiares más importantes en la historia de nuestra tragedia nacional.

Casos Reales

Odisea de 14 balseros tras dos semanas de travesía

Cancún, México

Su objetivo era llegar a Miami en una frágil embarcación, pero la descompostura del motor llevó a 14 balseros cubanos a costas mexicanas tras más de dos semanas perdidos en el mar, con pocos alimentos y al final sin agua, obligados a tragar su propia saliva e incluso sus orines.

El grupo de 14 balseros cubanos, incluidas dos mujeres, llegó a Xcalak, un poblado de pescadores ubicado a 320 km al sur del puerto vacacional de Cancún, donde fueron detenidos por policías locales antes de ser entregados a las autoridades migratorias.

Todos venían en una embarcación tipo balsa rústica. Uno de ellos presentó un cuadro de deshidratación severo, por lo que se le trasladó al hospital.

"Lo estábamos planificando hace dos meses. Ésta es la tercera vez de mi esposo y la primera vez mía", narró al Canal 10 local Lisa Guerra Ávila, una de las balseras cubanas que llegó a costas mexicanas.

En la odisea que empezó el 25 de abril a bordo de una

frágil embarcación, los cubanos se quedaron sin agua después de la rotura del motor, que prolongó su viaje y los obligó a navegar a vela y a alejarse de su primer destino, Miami. "Nos pasamos siete días sin tomar agua. Traíamos un poco de alimento, pero como se nos acabó el agua, la comida no la asimilábamos. Tomábamos azúcar, saliva y orines para sobrevivir. .

Rescate del balserito Elián González

Cárdenas, Matanzas
21 de Noviembre de 1999

Esta quizá no sea la más trágica entre las historias de los balseros, pero sin duda es la que más hondo caló en el corazón del exilio cubano, por tratarse del caso más sonado en las últimas décadas. Muchos coinciden en que este caso influyó grandemente en las elecciones presidenciales de Estados Unidos del año 2000, y logró que la comunidad cubanoamericana votara masivamente por el partido republicano, con lo que dio un castigo aplastante a la acción tomada por la administración Clinton cuando devolvió el niño a la tiranía comunista de Fidel Castro. He aquí la odisea vivida por el niño balsero Elián González.

El 21 de noviembre de 1999, el niño de 6 años Elián González, su madre Elizabeth, su padrastro y otros 9 cubanos salieron de Matanzas con rumbo norte en busca de libertad y un mejor futuro para todos. Se hicieron a la mar en un pequeño bote de aluminio con un motor defectuoso. La madre de Elián y otros diez murieron en el intento. Elián y otras dos personas sobrevivieron a la tempestad que los alcanzó en la travesía. Según contaron los sobrevivientes, incluyendo al muchacho, fueron momentos realmente aterradores los que tuvieron que vivir en esa noche oscura en que el bote zozobró y en la que todos debieron luchar por salvar su vida, menos Elizabeth y su esposo. Entre los dos aferraron a Elián a un neumático de auto inflado para evitar que se hundiera con ellos. Uno de los sobrevivientes dijo que Elizabeth protegió a su hijo hasta el final, y cuenta que al enfrentarse con las condiciones meteorológicas adversas, el bote comenzó a llenarse de agua, las olas eran enormes, de tres a cuatro metros de alto, el agua estaba muy fría, las bolsas de plástico que contenían la única agua potable disponible comenzaron a salirse del bote y cuenta Elián que él ayudó a su madre tratando de rescatarlas en vano porque la tormenta condenaba sus esfuerzos. También dijo Elián que fue su padrastro quien lo puso en el neumático que le salvó la vida. Dijo, además, que se quedó dormido y que al despertar nunca más logró ver a su mamá ni a su padrastro. Eran las cuatro de la madrugada del día 21 de Noviembre de 1999 cuando Elián quedó solo en un neumático rodeado de tiburones y delfines, aunque otros dos sobrevivieron a esa tragedia, y fueron encontrados por separado de Elián.

Así comenzó para él lo que parecía un milagro por haber salvado la vida y haber sido encontrado por dos pescadores en alta mar un día de Acción de Gracias. Pero el momento más desdichado de aquella historia fue el que marcó su regreso al sistema comunista de donde su madre quiso rescatarlo. Ella entregó hasta su propia vida para impedir que el niño terminara como de hecho sucedió, convertido en joven comunista al servicio de una cruel dictadura.

Una de las últimas declaraciones hechas por Elián González en uno de los viajes realizados al Ecuador como parte de una delegación de la dictadura, fue que, "Fidel Castro para mí es un padre. No profeso ninguna religión, pero de hacerlo, mi dios sería Fidel Castro" -dijo en una entrevista al blog Quinquenio de Luz.

"Fidel Castro lo es todo para Cuba, lo es todo para el mundo, porque sin ser, incluso, un Premio Nobel de la Paz nadie ha intermediado más por la paz mundial que Fidel Castro. Por eso creo que más que un padre para mí debe ser un padre para el mundo entero".

Casos Reales

7 Balseros rescatados tras más de dos semanas a la deriva

Tampico, México

Desde hacía 19 días siete balseros cubanos habían salido de la Isla en un intento por llegar a Cancún, Quintana Roo y desde allí llegar a Estados Unidos, pero su odisea no tuvo un final feliz, porque se les acabó el combustible del motor y quedaron a la deriva.   A los pocos días se les terminó el alimento y el agua.

Un barco de la armada de México que efectuaba labores de patrullaje en el litoral del golfo detectó la balsa construida con media estructura de plástico, corcho y aluminio con el motor de un vehículo. Los miembros de la armada procedieron al rescate, y encontraron a los náufragos en avanzado estado de desnutrición, pero estaban con vida Margarito Acosta Llorca, Wilmer Crespo Cantillo, Leodan García Blanco, Román Chacón Despiagne, Máximo River River y Leipzig Frías Rivero. Uno de ellos había fallecido por desnutrición. Su nombre era Julio César Balderas Camerún, de 40 años de edad. El cadáver fue trasladado al anfiteatro de Tampico para la necropsia y el resto de los cubanos fueron internados en el Hospital Naval Militar , en donde se les brindó atención médica , pero quedaron a disposición del Instituto Nacional de Migración, y una vez recuperados del desgaste físico sufrido fueron deportados a la Cuba de la tiranía comunista.

Balsa hecha a retazos y con motor de carro Lada

Cienfuegos,
29 de Junio del año 2000

La embarcación estaba hecha de madera, plástico y metal, con motor de carro Lada ruso.
Tamaño: 16 pies
Tripulantes 16
Roberto Ruiz, uno de los tripulantes nos cuenta:
"Yo vivía en Ciego de Ávila y un día me llamó desde Cienfuegos el cuñado de mi ex esposa, pidiéndome que viajara hasta su casa lo antes posible porque tenía que contarme algo muy importante que yo debería saber; algo que me interesaba mucho. Así lo hice. Al llegar a su casa me contó que su hijo estaba organizando una salida ilegal del país, pero que él no lo dejaría ir si no era conmigo, y me pidió que me fuera con él. Al principio no me animó la idea, porque yo nunca pensé en irme de Cuba. No sé, era algo que no me había pasado por la cabeza. Mi ex cuñado siguió insistiendo, hasta que accedí y me fui a ver dónde y cómo hacían la embarcación. Habían hecho una especie de cuarto en el interior de un barranco en las afueras del

pueblo. La casa estaba ubicada en lo alto de una loma, y dentro comenzaron la construcción secreta de la balsa. Tenían un cable que iba desde la casa de ellos hasta aquel cuarto con unas latas amarradas al final para que funcionara como alarma, de la que tiraban cuando venía alguien que no conocían y sonando las latas avisaban a los que estaban dentro construyendo la balsa para que salieran de allí y no fueran sorprendidos en el Lugar por un chivatazo. El martilleo, al unir los pedazos de madera, se oía desde lejos y esto provocó que en varias ocasiones algunos curiosos trataran de acercarse para ver qué sucedía, y eran desviados por alguno de los que ya estaban en alerta para este propósito.

"Los materiales que utilizaron iban desde pedazos de madera y tablas recolectadas, trozos de plástico y planchas de zinc, todo aquello fue ensamblado para que saliera un tipo de chalupa de 16 pies a la que se le instaló un motor de carro Lada en el centro con un eje al que se le puso una propela que estaba supuesta a mover aquel invento. Se lo instaló un mecánico que también vino con nosotros.

"Todo estaba listo, los muchachos habían preparado todo con el chofer de una rastra con contenedor, que también se iba. El día de la salida no se calculó que la balsa no cabía por la puerta y tuvimos que desarmar una pared del cuarto para meter la embarcación en el contenedor y llevarla hasta Matanzas, desde donde teníamos planeada la fuga. Llegamos como a las once de la noche a la costa, sacamos la balsa del contenedor y les extrajimos el aire a las gomas de la rastra para que cuando nos alejáramos, nadie fuera a llevársela y levantara sospechas. Lo que buscábamos era dar tiempo a estar mar adentro, fuera del alcance de los guardacostas cubanos para que cuando amaneciera y encontraran la rastra abandonada, no estuviéramos a la vista. Una vez que tiramos la balsa al agua y comenzamos a subirnos, el chofer de la rastra se arrepintió de irse, no sé por qué motivo. Esta decisión cambió un poco los planes, porque llegamos a pensar que nos delataría y nos llevarían presos a todos, y decidimos alejarnos de la costa con mayor rapidez de lo planeado. No sabemos qué hizo el chofer para llenar las gomas de aire y regresar a Cienfuegos. Ya eran las dos de la mañana y nos alejamos remando para no llamar la atención con el ruido del motor que después de muchos intentos y millas afuera, arrancó y comenzamos a avanzar muy lentamente. Al parecer la propela era muy pequeña o muy grande para aquel motor, porque avanzábamos con mucha lentitud. El que nos guiaba era un amigo de mi sobrino que estaba preso cumpliendo una condena, no sé por qué causa. Él estaba saliendo a trabajar con los demás presos todos los días, y ya se había arreglado todo para que se fugara el día que teníamos planeado para salir. La hermana de este amigo que también venía con nosotros, fue quien trajo en una caja la brújula y una carta náutica para que su hermano, que era el único con experiencia en el mar, nos guiara con rumbo hacia el norte hasta Miami. El mar estaba muy picado en las primeras millas mientras nos alejábamos de la costa. Como a las 4 horas de viaje algunos comenzamos a vomitar, a tener mareos, perdona la palabra, pero hasta nos cagamos. Una enfermera que venía con nosotros trajo sales y nos las fue dando para que pudiéramos pasar un poco mejor aquellos momentos tan difíciles.

"El agua comenzó a llenar la balsa. Desde los primeros minutos hubo muchos errores que casi nos costaron la vida, porque la balsa nunca se había probado en el agua para ver si filtraba, o para que las tablas se hincharan un poco, pero no se hizo. Tuvimos que comenzar a tirar al agua la comida, creo que eso fue lo que atrajo a los tiburones, que se fueron cuando llegaron unos delfines que estuvieron con nosotros por tremendo rato. Yo nunca en mi vida había vivido momentos tan trágicos, y creo que si alguien me lo hubiera contado, ni me voy a Cienfuegos. Todo el viaje lo pasamos sentados en el agua. Algunos comenzaron a tener alucinaciones debido a la sed y el hambre. Otros comenzaron a dudar de la dirección que llevábamos y le decían al timonel que fuera más al este o al oeste. Gracias a Dios que él se mantuvo claro todo el tiempo. Las olas eran impresionantes, casi viraban la balsa, gracias a que el timonel sabía cómo llevar la balsa al ritmo de las olas. En un momento vimos un barco mercante acercarse y pensábamos que nos venía a recoger, pero siguió de largo. Yo creo que no nos vieron. El tiempo parecía que no pasaba mientras vivíamos aquella odisea. A las 16 horas de haber zarpado vimos al horizonte una línea que parecía tierra, yo creía que era el cansancio, pero al acercarnos más vimos que era tierra, habíamos llegado a cayo Maratón, como sabíamos de la ley de pies secos, pies mojados y nos lanzamos al agua al estar cerca de la costa para llegar y tocar tierra, porque si nos interceptaba el guarda-costa americano en el agua nos devolvían para Cuba. ¿Te imaginas que después de pasar todo eso nos mandaran de regreso? .

Yo te digo que no quisiera que mi hijo hiciera lo que yo tuve que hacer. Yo quisiera que él tuviera en Cuba las mismas oportunidades que yo tengo aquí en este país. Espero que muy pronto sea así, porque yo creo que ahora sí estamos cerca del cambio que hace falta en Cuba, y estoy seguro de que este año es el año de ese cambio que tanto hemos esperado los cubanos".

Casos Reales

El naufragio de una lancha dejó 31 muertos en alta mar

La Habana,
Viernes 3 de Marzo de 2006

El naufragio de una lancha en la que viajaba un grupo de balseros cubanos con el anhelo de llegar a las costas de Estados Unidos, concluyó con el trágico saldo de 31 muertos y sólo tres supervivientes, según informó la televisión local de La Habana.

El informativo de la televisión cubana emitió hoy un reportaje sobre el siniestro, uno de los más graves ocurridos en los últimos años, del que no se había informado con anterioridad en la isla comunista.

La televisión local no informó la fecha del naufragio, aunque fuentes consultadas por la agencia de noticias EFE explicaron que los hechos se produjeron a finales de diciembre, cuando 34 cubanos tomaron una lancha rápida para viajar ilegalmente a Estados Unidos.

Daysel Alfaro Blanco, una de las tres supervivientes, explicó en el reporte emitido por el noticiero cubano, que la lancha sólo tenía capacidad para transportar a diez personas, pero subieron las 34.

A unas 20 millas de la costa, según su relato, la embarcación empezó a tener problemas con el motor y el timón y quedó a la deriva hasta que finalmente se volcó.

"Cuando se viró, quedamos catorce en la lancha, y ya todo el mundo nerviosísimo y allí se empezaron a ahogar. A muchos les dieron infartos".

Sólo ella, otra mujer y un hombre sobrevivieron tras pasar tres días encima del casco de la lancha hasta que fueron recogidos con graves quemaduras y síntomas de deshidratación a 48 kilómetros de las costas de la provincia de Matanzas (este de La Habana) por un carguero (no identificado) que se dirigía al puerto de la capital cubana.

"No sé cómo pude sobrevivir, llegué, nadé y me monté (en el casco de la lancha) y ahí pasaron los días, el hambre, la insolación y el desespero viendo a la gente muriéndose", relató.

"Todo me pasó por la inexperiencia tan grande, (la desesperación de vivir sin libertad) , todo me llevó a eso", señaló Daysel, que recordó la situación como "algo horrible, que no tiene explicación en mi vida" y que la dejó "muy traumatizada".

"A partir de ese momento le di un valor a mi existencia tremendo", añadió la joven, que todavía no se ha recuperado totalmente de las quemaduras sufridas en pies y piernas.

El hogar de tránsito
"La casa del Balsero"

Hacer que el pueblo odiara al exilio cubano ha sido siempre uno de los temas más repetidos por la dictadura cubana. Hacer de aquellos cubanos que viven fuera de Cuba, y en especial en Miami, los culpables de actos terroristas contra el país, atentados contra su comandante en jefe, y sobre todo la repetida hasta la saciedad IDEA de que esos cubanos sólo quieren regresar a Cuba para quitarnos las propiedades y poner a Cuba bajo la bota imperialista para convertirla en colonia yanqui, fue la punta de lanza de Fidel y Raúl Castro contra los cubanos desterrados.

Por años escuchamos en los noticieros y leímos en los periódicos de la Isla cómo aquellos "viles cubanos" habían traicionado a la patria, y por un par de jeans o por masticar chiclets, se pusieron al servicio del mayor de los imperios existentes. Siempre fueron catalogados como escoria, gusanos, lesbianas y homosexuales, mercenarios y traidores quienes por no compartir las ideas comunistas decidían salir del país de una forma u otra y alojarse en "tétrica" ciudad de Miami.

Según la propaganda constante del régimen por todos los medios de comunicación y en cada una de las largas peroratas que daba el jefe de todo varias veces al año, teníamos que odiar con vehemencia a aquéllos que desde Miami luchaban por derrocar la Revolución. Por muchos años, recibir carta de un familiar de Miami era una condena y un señalamiento que te perseguía a donde quiera que fueras o trabajaras.

Esos cubanos de Miami debían ser odiados y rechazados por todos porque ellos sólo querían el mal para nuestro pueblo y hacer que Cuba regresara a los años 50 previos a la Revolución. Pero no hubo mejor muestra de que toda aquella propaganda comunista en contra del exilio era completamente falsa, que el llegar al hogar de tránsito o casa del balsero, habilitada por aquel exilio histórico en Cayo Hueso para recibir y dar el primer refugio a los que llegábamos de Cuba por la vía marítima tras escapar de aquel aniquilante sistema del que preferimos huir aunque seamos devorados por los tiburones.

La llegada al hogar de tránsito después de horas, días y en algunos casos semanas en el mar sin alimentos ni agua, era el bálsamo más reparador que podría desear cualquier balsero cubano. Tan pronto como las autoridades de Inmigración registraban toda nuestra información y nos hacían una pequeña entrevista, éramos entregados a cubanos voluntarios que en sus propios vehículos nos llevaban a aquel hogar para darnos un recibimiento que jamás olvidaríamos. No se trataba de la sabrosa comida caliente que nos cocinaron, ni de los bultos de ropa y zapatos que podíamos tomar de las generosas donaciones que venían de la comunidad cubana de Miami; tampoco se trataba de la ducha caliente o el descanso en las camas que allí tenían preparadas para los que llegaban exhaustos de una larga y tenebrosa travesía. Lo que allí se recibía por toneladas era mucho más que lo material: era el calor humano con que aquellos cubanos miembros algunos de la brigada 2506 que luchara contra los comunistas en Bahía de Cochinos y a los cuales siempre nos dijeron que odiáramos, daban su valioso tiempo para hacer que los que allí llegáramos recibiéramos afecto y solidaridad. Sin preguntarnos quienes éramos ni a qué filiación política habíamos pertenecido, nos trataban como verdaderos hermanos, llenos de humildad y calor humano para dar lo que más les sobraba, amor y más amor.

Arturo Cobo, director de aquel hogar de tránsito, nos recibía a todos con la misma sonrisa y con las mismas palabras: "Hermanos, bienvenidos a tierras de libertad", y una vez dichas esas palabras corría de un lado a otro buscando cómo acomodarnos y cómo hacer que nuestra estancia allí fuera lo más agradable posible. Las paredes del hogar estaban llenas de fotos de balseros de diferentes lugares de Cuba, y tenían además fotos de muchos tipos de embarcaciones rudimentarias. En el patio había unas balsas utilizadas en estas travesías que Cobo y los voluntarios habían podido rescatar y traer allí para que los que venían a visitar pudieran ser testigos de la precariedad con que los cubanos decidían lanzarse al mar huyendo de aquel tiránico sistema, y para que quedara plasmado en la historia como un pueblo fue capaz de buscar su libertad al costo que fuera necesario y sin pensar en las consecuencias.

El Hogar de Tránsito de Cayo Hueso, sus voluntarios y el querido hermano Arturo Cobo quedarán por siempre en los corazones de los que por allí pasamos un día, en los que recibimos las atenciones y el amor allí brindadas de un exilio que por más de 54 años de destierro nunca ha olvidado a su patria ni a su pueblo.

A todos ellos, gracias en nombre de los balseros que

tuvimos la suerte de llegar a tierra firme y gracias en nombre de todos los que quedaron en el mar y no pudieron alcanzar su sueño de libertad.

Casos Reales

Tres balseros rescatados, cinco ahogados

Fort Lauderdale, Florida
25 de Marzo 2004

El 25 de marzo de 2004, a eso de la 11:30 a.m., varios bañistas en una de las playas de Fort Lauderdale (unos kilómetros al norte de Miami), vieron cuando dos hombres trataban de llegar nadando a la orilla, pero el fuerte oleaje de hasta de 10 pies se lo impedía.

Los guardacostas, al ser avisados, enviaron rápidamente un helicóptero de rescate a la escena, y las cadenas de televisión, al enterarse, también mandaron sus unidades aéreas, y comenzaron a trasmitir en vivo el drama de estos cubanos que escapaban de la Cuba "socialista" (como ahora le llaman a su sistema comunista).

Uno de los balseros completamente exhausto logró llegar a la arena, pero el otro estaba casi ahogándose, por lo que varios de los presentes se lanzaron al agua, y haciendo un gran esfuerzo debido al fuerte oleaje que lo azotaba, lo rescataron.

Para completar este panorama, mientras pasaban los minutos, a la distancia de un kilómetro de la playa, un hombre rana miembro del servicio de guardacostas se tiraba al agua desde el helicóptero, para asistir a una mujer que se hallaba entre las gomas de camión atadas que formaban la rústica balsa.

Al ser rescatada en forma espectacular la mujer, fue transportada a un hospital del área. Los dos hombres balseros que se hallaban en la playa, fueron también llevados al hospital.

Estos balseros expresaron después de salir de su precaria condición de salud, que habían partido de Cuba el 18 de marzo por la zona de Jibacoa, y que debido al mal tiempo, en la travesía perdieron el agua y la comida.

Milena Isabel González Martínez, de 37 años de edad (la balsera), dijo que el primero en ahogarse fue su esposo, Nerisbel Suárez Galán, y el martes 22 se ahogaron dos más, y al día siguiente otros dos.

Los ahogados, que pertenecían a diferentes grupos disidentes del régimen comunista de Cuba, son: Nerisbel Suárez Galán, Fernando Aguilera Vargas, Antonio Pantoja Rodríguez, Juan Tamayo Muñoz y Ángel Mantecón Guevara.

En La Habana, varios familiares de estos opositores ahogados fueron al malecón para depositar flores.

El año pasado [Necesario precisar el año, porque el lector no va a estar buscando en qué año publicaste esto. Debes poner: en el año tal]. de otro grupo de once balseros que habían partido de las costas de Matanzas el día 27 de noviembre 2003, solamente uno logró sobrevivir al ser rescatado por los guardacostas norteamericanos a unos 14 kilómetros al este de Miami. Contó a las autoridades norteamericanas este balsero de 24 años de edad, rescatado cuando flotaba en dos neumáticos de camión, que debido al mal tiempo el bote de cuatro metros donde venían se desintegró, y al instante desaparecieron siete compañeros del grupo, y más tarde, aunque trataron de sobrevivir, los otros tres.

El Servicio de Guardacostas repatrió a Cuba a este joven cubano que se salvó, junto con otros de diferentes grupos que habían interceptado anteriormente.

Sobre este caso de los 10 desaparecidos, los guardacostas no proporcionaron los nombres de los ahogados, ni el del joven deportado.

Hermanos al Rescate

Los Hermanos al Rescate fue un escuadrón de aviadores civiles y una organización de ayuda humanitaria formada por exiliados cubanos y de diversas nacionalidades que llegó a ser ampliamente conocida por su oposición a la dictadura cubana y por salvar la vida de miles de cubanos balseros.

El grupo se formó en 1991 y se declaró una organización humanitaria con el objetivo de ayudar y rescatar a los balseros que trataban de emigrar de Cuba y de "apoyar los esfuerzos del pueblo cubano para liberarse de la dictadura a través del uso de la no violencia.

El 24 de Febrero 1996, dos aviones Cessna 337 Skymaster de Hermanos al Rescate fueron derribados por aviones MIG de la Fuerza Aérea Cubana, dando lugar a una gran condena internacional por este crimen donde murieron pulverizados en el aire 4 de los voluntarios de esta organización. De este suceso se hizo pública una grabación de los propios ejecutores: -grabación en el proceso de derribo. Las avionetas civiles derribadas no estaban bélicamente equipadas.

La organización Hermanos al Rescate se había fundado con el propósito declarado de auxiliar a los emigrantes cubanos que viajaban en balsas hacia Estados Unidos durante el Período Especial y en busca de libertad.

Aquel trágico 24 de febrero de 1996 y con motivo del

aniversario del reinicio de las luchas por la independencia cubana, partieron del aeropuerto de Opa Locka tres avionetas con rumbo sur con el propósito de avistar balseros cubanos y pasar la información a los guardacostas norteamericanos para que éstos fueran a su rescate. Al detectarlos el radar en la Isla, la dictadura ordenó la salida del MiG-29UB 900 y un MiG-23 para interceptarlos. Tras una autorización de los mandos superiores del castrismo, y al haber sido localizados en el radar de disparo, los militares cubanos pedían a gritos la autorización de sus jefes para disparar contra las naves, la cual fue concedida y al primer disparo cayó la primera avioneta con dos ocupantes; seguidamente el otro aparato quedó en la mira del MIG cubano y también fue "autorizado a destruir " según las propias palabras que se escuchan en la grabación, obtenida por la única avioneta que logró escapar ilesa.

En ese cruel asesinato murieron tres ciudadanos norteamericanos de origen cubano y un cubano balsero residente en Miami, Mario de la Peña, Carlos Costa, Armando Alejandre y Pablo Morales (quien era residente permanente). José Basulto líder de esa organización, junto con Silvia Iriondo y Arnaldo Iglesias pudieron salvar sus vidas en la tercera nave que logró esquivar los radares comunistas.

Hasta hoy ha quedado impune este criminal acto cometido por la dictadura comunista de Castro contra una organización que buscaba salvar la vida de balseros en el Estrecho de la Florida.

El último avión de la organización fue vendido en el año 2008, y el dinero, donado a los damnificados cubanos por los huracanes.

Casos Reales

15 Balseros perdidos en el Estrecho de la Florida

Cayo Maratón, Florida
Enero del 2006

Quince balseros cubanos fueron divisados por el Servicio de Guardacostas a 46 millas de Cayo Maratón. Habían sido reportados como desaparecidos y eran objeto de una intensa búsqueda aérea.

Un helicóptero del departamento de Aduanas y Control de Fronteras (CBP) avistó el grupo el miércoles, a las 5:45 p.m., a bordo de una embarcación rústica que navegaba al suroeste de Cayo Maratón, pero cerca de las 7 p.m. perdió el contacto con ellos nuevamente debido a la escasa visibilidad y las malas condiciones del tiempo.

Según un comunicado conjunto de CBP y el Servicio de Guardacostas, el helicóptero se vio obligado a retornar a la base de Homestead poco antes de que un avión con sofisticada tecnología --proveniente de Jacksonville-- llegara a la escena para monitorear la situación, pero no halló a los inmigrantes.

La tripulación del helicóptero señaló que la embarcación, de aproximadamente 20 pies de largo, no contaba con motor y comenzó a ser fuertemente batida por olas de hasta seis pies de altura.

Es el primer naufragio de cubanos en alta mar en lo que va del año 2006, luego que el 2005 dejara un catastrófico saldo de 33 personas desaparecidas, cinco muertos durante el viaje y otro fallecido en plena fuga frente a las costas cubanas.

También durante el 2005 se produjo la mayor tragedia de inmigrantes cubanos de la última década, cuando 31 personas zozobraron en alta mar en una lancha de 28 pies de eslora que había salido de las costas de Matanzas, a finales de agosto.

Enrique Padrón

¿Qué representa para ti la tragedia de los balseros?

La tragedia de los balseros es la tragedia de todos los cubanos que aman la libertad. Un país que es una cárcel grande donde sus ciudadanos se lanzan al mar para encontrar la libertad, y prefieren el riesgo de una muerte en alta mar a seguir viviendo en condiciones infrahumanas dentro de un país terriblemente oprimido. Miami y el exilio se han beneficiado del éxodo de los balseros hacia nuestras costas. Han contribuido a engrandecer nuestra sociedad y se han integrado a un pensamiento democrático. Gente honesta y trabajadora-- en su mayoría -- que volverá algún día a una Cuba libre para trabajar por su reconstrucción.

Remedios Díaz Oliver
Patriota y Exiliada Cubana
Mayo 11 de 1961

Escape bajo ráfagas de ametralladora

Jaimanitas, La Habana, Cuba
16 de Agosto de 1994
Embarcación: Bellatrix de 20 pies, 21 Tripulantes

Las ráfagas de las ametralladora AK47 rusas utilizadas por los guardias del Ministerio del Interior que cuidaban la garita del puesto de guarda-fronteras, nos ensordecían al disparar al aire, desesperados porque un bote de 20 pies con 21 personas a bordo se burló de su seguridad en el rio Jaimanitas (un pueblo costero al oeste de la Habana), y hundiendo la cuerda de acero que impedía a las embarcaciones salir del río a pescar libremente, navegó a todo motor en busca de mar abierto en dirección Norte. Aquella mañana del 16 de Agosto de 1994 fue inolvidable para todos nosotros, tras una planificación secreta de la cual yo no era parte, se ejecutó cautelosamente el escape. Y su ejecución fue un éxito.

Recuerdo claramente la tensión en la casa de Reina y Esteban, donde yo vivía al terminar el servicio militar obligatorio y haber dejado la casa de mi madre en Ciego de Ávila en busca de nuevos horizontes en la capital. Reina y Esteban son mi familia adoptiva, la hermana de Reina, Estela, a quien siempre he llamado abuela me cuidaba cuando mi madre se iba al trabajo temprano en la mañana, éramos vecinos puerta con puerta. Abuela y abuelo me cuidaban y querían como su nieto, y Michael, su nieto biológico, era mi hermano de crianza. Yo, el cuarto niño de una madre soltera, que llegó a su vida sin que ella lo planeara, viví hasta los 15 años en una cuartería (casa de vecindad para personas muy pobres), donde 8 familias compartíamos la misma letrina, que en los días de lluvia se inundaba, y derramaba su contenido por todo el frente de los cuartos, nos obligaba a pasar a todos los que allí vivíamos por encima de aquellos excrementos para ir a la escuela. Una llave de agua en un hueco en la tierra y a donde únicamente llegaba el agua por gravedad cuando abrían la llave de paso central el día que le tocaba a mi barrio, nos abastecía a todos del preciado líquido a cuentagotas. Corrían los días de Agosto de 1989 y ya la Revolución que había prometido progreso y desarrollo a mi madre en 1959, cumplía 30 años en el poder mientras nosotros seguíamos bajo las mismas condiciones de vida que padecíamos cuando mi madre alquiló aquella habitación muchos años antes de que yo naciera. Los demás días en que el agua no llegaba por gravedad, había que cargarla de un carro cisterna que venía a la cuadra y con una lata de 5 galones con asa de alambre cargábamos el agua para llenar un tanque que nos servía de depósito para varios días, y que también servía de vivienda para los mosquitos y larvas que compartían nuestra vida diaria y no nos dejaban dormir en paz. Nuestra vivienda, si es que se le puede llamar así, era uno de esos cuartos de alquiler que le fue robado a su propietario por la Revolución y vendido por cuotas mensuales a quienes los vivían. Constaba de dos secciones, en la primera una cama, o más bien un colchón hecho de sacos de harina y relleno de paja seca, que descansaba sobre un bastidor de madera vieja y que servía de dormitorio para mi madre y para mí. La otra parte era una especie de cocina-dormitorio-comedor, donde otra cama y un escaparate compartían el espacio con una mesa de madera sin sillas que tenía un hueco en el centro a causa de un nudo en la madera que se había caído con el tiempo. Había otra mesa más alta donde reposaba la estufa, o como la llamábamos nosotros, el fogón pike, que trabajaba con luz brillante (una especie de petróleo) , y para echarlo a andar había que precalentarlo con alcohol y después tratar de que encendiera la llama para cocinar lo que hubiéramos podido conseguir. Nuestro refugio tenia además una abertura en la parte trasera en forma de puerta pero sin puerta, la cual cubríamos con un saco para evitar la entrada de la luz de la Luna mientras dormíamos. Las ratas eran nuestras compañeras cada noche al verlas pasar por las vigas del techo y atemorizar a mi madre con su corre-corre de un lado al otro de la solera. Estábamos protegidos de ellas y de las cucarachas voladoras con un mosquitero al que cada vez que se le hacía un hueco por lo viejo que estaba, le hacíamos un nudo para remendarlo. El piso era de tierra, aunque parecía como losa pulida porque cada día lo aplastábamos con agua y pisón y lo manteníamos compacto para evitar que el polvo nos afectara directamente los pulmones, que ya por tanta humedad nos mantenía tosiendo toda la noche. Los días en que no teníamos luz brillante para cocinar, mi madre echaba mano al salvador de nuestras vidas, el carbón, y en una lata de 5 galones con una hornilla en la parte superior hacía nuestro alimento del día. Recuerdo bien que con sólo 5 ó 6 años de edad mi trabajo era cuidar que la candela no se apagara echando carbón y soplando la llama con un pedazo de cartón para cuidar el fuego como en los tiempos de las cavernas .

Los días de lluvia eran nuestra peor pesadilla: llovía más dentro que fuera de nuestro cuarto, no caían goteras, lo que caían eran chorros de agua que con ollas o latas teníamos que perseguir por todas partes para que no se nos mojara la cama. Una viga vertical de madera torcida y rajada sostenía el centro del techo para que no se nos viniera encima. Aprovechábamos también la viga para colocar una plancha de cartón y separar el "cuarto" de la "Cocina- comedor-dormitorio" y crear los dos ambientes. La privacidad no existía en lo absoluto, las voces de los vecinos a través de las paredes de madera descubrían todos sus secretos y escuchábamos los comentarios y conversaciones de sus vidas diarias, incluyendo las confesiones y excitaciones sexuales en la quietud de la noche. Nada era secreto en nuestra vecindad.

Recuerdo claramente cómo mi madre salía a las 5 de la mañana a cortar caña en camiones que llevaban a mujeres y hombres a los cañaverales para que de forma "voluntaria" "cooperaran" con la zafra azucarera si es que querían mantener sus trabajos estables, ya que como ellos decían, no era obligatorio, pero podían perder el puesto por no participar en las tareas de la Revolución, y perderlo era un lujo que mi madre no se podía dar debido a la precaria situación en que vivíamos.

Éramos 4 hermanos, los dos que me seguían, Alberto y Roberto, estaban en el servicio militar obligatorio a mediados de los años 80, y fueron enviados a cumplir "misión internacionalista" a la guerra fratricida de Angola, donde en varias oportunidades estuvieron a punto de perder la vida por una causa que nada tenía que ver con nosotros y de la cual no podían escapar. Mi hermano Alberto fue llevado por engaño, creyendo que iba de cocinero a la Siberia rusa, donde otros cubanos trabajaban en los cortes de madera. Pero fue a parar a Angola en virtud de la sorpresa menos esperada por él. El avión que supuestamente lo debía   llevar a la Unión Soviética a cocinar para los que cortaban madera, aterrizó en la República Popular de Angola, donde lo vistieron de militar y le entregaron un fusil que no sabía usar. Así, sin entrenarlo, lo mandaron al campo de batalla, donde estuvo por tres años expuesto a la muerte a cada minuto, día y noche.

Mi hermano mayor, Isaac, sí pudo librarse a tiempo de ser enviado a Etiopía como carne de cañón. Me contó mi madre que terminando Isaac de cumplir el servicio militar obligatorio, lo captaron para ser enviado a "cumplir misión internacionalista" a Etiopia y él había aceptado, pero que una visita de su esposa y mi madre le hicieron cambiar aquella loca idea que seguramente le salvó la vida. En ese entonces mi hermano Isaac cumplía un castigo en el servicio militar obligatorio detenido por haber salido sin permiso a visitar a mi mamá, que había viajado desde Ciego de Ávila(centro de la isla) hasta La Habana sólo para verlo, y él, al saber que ella estaba en su casa de La Habana, pidió permiso para ir a visitarla por unas horas, lo cual le fue negado, y tomó la decisión de escaparse en la noche para verla. Tuvo la mala suerte de que al regresar a la unidad en la mañana, lo sorprendieron, lo detuvieron y lo encerraron en una celda de castigo . Mi madre, al saber esto por medio de otro guardia, fue hasta la unidad militar, y al poder ver a mi hermano tras mucho ruegos a los oficiales, le dijo con voz firme esto: "Tú estás loco hijo, ¿cómo te vas a ir a Etiopía con estos oficiales, que estando aquí detenido no permiten que me puedas ver, y a mí casi no me dejan verte? Tras esa exclamación de mi madre, Isaac, como un resorte, se arrancó la chapa que le colgaba del cuello con su número de identidad militar y lanzándosela a los guardias, les dijo: "Díganle al teniente que ya no me voy a ninguna parte. Me quedo con mi familia. Que se olvide de Isaac en Etiopía. De una vez lo llevaron a la celda de regreso, y después de esperar cuatro horas su esposa y mi madre recibieron la orden de los guardias de desalojar las afueras de la unidad. Fue así como tuvieron que marcharse sin tener noticias de qué le habría pasado al negarse a cumplir la misión. Al otro día, mi hermano ya estaba de regreso en su casa para jurarle a mi madre que nunca le serviría ni trabajaría a ese gobierno, ni sería miembro de ninguna de sus organizaciones políticas y de masas, promesa que cumplió hasta que murió en el año 2001 por un derrame cerebral. La muerte de mi hermano Isaac en Cuba fue otro drama que mi madre tuvo que vivir estando ya en Estados Unidos. La noticia llegó en horas de la noche en una llamada "collect" desde Cuba: mi hermano estaba grave en el hospital con un derrame cerebral irreversible. Lo mantenían vivo con el soporte de máquinas que sostenían sus signos vitales activos. Al otro día comenzamos la gestión para que mi madre pudiera viajar a Ciego de Ávila y estar con mi hermano antes de que sucediera lo que era inevitable: su muerte. El impedimento de viajar estaba vigente para ella, ya que había pedido asilo político al vencerse su estadía como visitante en los Estados Unidos. Esto la colocaba en la lista de los que no podemos viajar a Cuba por "traición a la patria". Pero pensando que ante este hecho tan crítico de tener a su hijo en cuidados intensivos pudieran darle el permiso para ir a verlo antes de su muerte, puse manos a la obra y me comuniqué con una agencia de viajes a Cuba (las únicas autorizadas por la dictadura para vender boletos de viajes a la Isla). Sin vacilar, y conociendo los trámites en que había que incurrir para obtener una visa de entrada a nuestro país, la agente que me contestó el teléfono, me dijo que tendríamos que hacer todos los trámites de forma pertinente, y que no había posibilidad de una visa humanitaria en este caso. Su respuesta nos llegó como un balde de agua fría. Ir a ver a su hijo antes de que muriera

era todo lo que mi madre quería en ese momento y parecía que los trámites burocráticos de la dictadura no creían en casos humanitarios, por lo que decidí llamar por mi cuenta a la oficina de intereses de Cuba en Washington con el objeto de lograr directamente con ellos la visa para mi madre. Después de mucha insistencia la llamada fue respondida y con enorme escepticismo le conté a mi interlocutor la situación y el deseo de mi madre de poder viajar para estar con mi hermano. Tras la pregunta de cómo vino ella a Estados Unidos, al yo responderle que se había quedado después de su visita, el compañero me contestó con fría voz que si ella había decidido quedarse y dejar a su familia en Cuba, debía atenerse a las consecuencias. Además, añadió que "en Cuba hay muy buenos médicos, y ella no es médico", y colgó el teléfono. Dos días después estábamos recibiendo la noticia de que mi hermano había fallecido, por lo cual volví a levantar el teléfono y llamé a la oficina cubana de intereses para pedir la misma autorización de viaje, pero ahora para que mi madre pudiera estar en el velorio y dar cristiana sepultura a su primer hijo. La respuesta no fue diferente a la que me dieron en la llamada anterior: que haga los trámites regulares y espere lo que esperan los demás. De todas formas si ya murió, ella no va a resolver nada allá. Mi madre sólo quería poder viajar a Cuba para darle un último beso a los restos de su hijo. Hicimos los trámites por la vía regular y la visa le fue otorgada dos años más tarde. Fue entonces cuando pudo viajar con el propósito de exhumar los restos de su hijo y hacerle un nuevo funeral para volver a enterrarlo.

Durante aquellos años de mi niñez en que vivíamos en la cuartería, las críticas en la escuela porque comencé a visitar una iglesia adventista con unos vecinos, eran casi diarias y discriminatorias. Mientras tanto, a mi madre le robaban los domingos que debía compartir conmigo, para entrenarla en las milicias de tropas territoriales contra la Invasión de los norte americanos, que desgraciadamente para nosotros nunca llegó. Vestida de verde olivo con un aro en la espalda para sostener hierva que le cubriera el cuerpo, la hacían arrastrarse por debajo de alambres de púas, técnica que según ellos habían traído los vietnamitas para entrenar a la población en caso de una Invasión "yanqui". Tristes recuerdos de esa niñez donde mi único entretenimiento era jugar con dos frascos de medicinas atados con un lápiz por el cuello y halarlos con un hilo como si formaran una yunta de bueyes solo en mi casa los domingos rojos de la defensa. Mi otro entretenimiento era pararme por la parte de afuera de la ventana del vecino para ver los muñequitos rusos, porque no pudimos comprar un televisor hasta años después en que mi mamá, por trabajar muchas horas voluntarias se ganó un boleto como premio para tener derecho a comprar un televisor de marca "Caribe" en blanco y negro hecho en la URRSS. Su mala calidad lo predisponía a estar siempre roto, maldición nuestra que caía como bendición sobre nuestro vecino Gaspar, que tenía siempre trabajo porque se dedicaba a arreglar los televisores rusos de toda la ciudad.

Mantener al pueblo viviendo en una constante miseria ha sido un arma que ha utilizado muy bien la tiranía durante estos más de 54 años de comunismo en que ha impuesto y mantenido la libreta de racionamiento y la libreta de control de ropas. Ambas eran una forma de control eficaz. Así, cuando comprabas una camisa no podías comprar un pantalón; cuando comprabas un cepillo dental no podías comprar un peine. Cuando venían zapatos a la tienda, si llegaba algún par con tu número, necesitabas el cupón de la libreta correspondiente y tenías que esperar que le tocara a la letra que tenía tu núcleo familiar para poder tener derecho a comprarlos. Algo parecido sucedía con la alimentación, porque en muchos casos pasaban meses sin que pudieras comprar aceite para cocinar porque había retraso de abastecimiento de hasta 4 meses. Entonces, te veías obligado a comprar aceite o manteca en la bolsa negra a precios escalofriantes, si es que querías comer con grasa en la comida.

Recuerdo que algún general ruso de la KGB dijo que el sistema cubano entrenado por la misma KGB había superado las formas de control sobre la población que le habían enseñado, y era tan cruel que cada cubano sentía a un policía viviendo dentro de él y teniendo temor de comentar o hablar ciertos temas hasta con tu propio hermano que podría delatarte ante la Seguridad del Estado ,ya que se daban muchos casos de esos con gran frecuencia. Por su parte, la televisión tenía la misión de producir programas policíacos donde los temas siempre eran repetitivos. Por ejemplo, la policía y la seguridad del estado sabían todo lo que pasaba , y cómo controlaban todas las formas de vida y el movimiento de cada ciudadano al punto de que los miembros de los CDR (Comité de Defensa de la Revolución, que vigila a los vecinos de cada cuadra en todo el país), fueron autorizados a revisarle la bolsa a cualquier ciudadano que pareciera transportar algo ilegal o sospechoso, desde una docena de huevos hasta cuatro papas compradas de contrabando: todo era ilegal. Incluso tostar una libra de café era un delito penalizado. Recuerdo cómo mi madre me mandaba a vigilar en la entrada de la cuartería cuando estaba tostando café, para que si el olor nos delataba yo saliera corriendo a avisarle y le diera tiempo a botarlos al patio del vecino para librarse de ser encarcelada. Claro que los vecinos sabían por el olor dónde estaban tostando café, y no faltaba quien más tarde pasara a tomarse una taza de esa sustancia embriagadora para convertirse en cómplice de aquella ilegalidad colectiva.

La vida de alguien que como yo nació en pleno apogeo de la maldita Revolución Cubana, se ve marcada para siempre por los acontecimientos vividos al llegar a un país de libertad y democracia donde al ciudadano común se le respetan los derechos. Yo nací y viví sin saber que la libertad existía. Yo ignoraba que no era libre, y la mayoría de las personas que integran mi generación, lo ignoran también. Como dice Yoani Sánchez en sus críticas de aquel sistema, "vivimos sin saber que la democracia era algo a lo que todos teníamos derecho por naturaleza propia", no porque alguien decidiera si la merecíamos o no. Así era si alguien decidía que nosotros, los Hombre Nuevos de la Revolución no podíamos saber que la Libertad y la Democracia eran algo a lo que teníamos derecho como el resto del mundo. Para nosotros, los derechos humanos eran un símbolo de traición a la patria, y a quien abogara por ellos se le imponía el adjetivo de mercenario, apátrida, homosexual, imperialista, gusano y muchos otros.

Creo que mi generación es la única que ha visto en el mundo una turba enardecida gritando en una marcha revolucionaria "¡abajo los derechos humanos!". Es surrealista saber que uno vivió esos momentos donde les tiraban huevos a quienes se marchaban del país en forma pacífica, y aquéllos que se iban sólo eran capaces de contestar: "No los tiren, que les van a hacer falta", como si de forma mágica leyeran el futuro de quienes los querían ofender.

Y allí están aún muchos de aquéllos que gritaban y ofendían a quienes adivinaron lo que traía aquel engaño llamado Revolución. Allí están sin pasado ni presente y con la única ilusión de que su futuro sea tocado por uno de esos gusanos que, convertidos en mariposas, regresan después de muchos años a ver a sus familiares, y que traen consigo desde aquel "imperio malvado", maletas cargadas de trapos y cosas, que ellos nunca han imaginado ver ni oler. Alguien que fue de visita a Cuba me contó cómo esperan allá a que te quites la ropa interior para pedirte que se la regales, cómo te imploran que les des 5 dólares para comprar un par de zapatos a sus hijos, los cuales, vestidos de pioneros también gritan "Seremos como el Che, mientras esperan a que la revolución le cumpla algún día la promesa de un futuro mejor para no verse como mis amigos de la infancia en las fotos que me llegan de allá, sentados en la esquina del barrio tomando ese invento criollo llamado guarfarina o chispa de tren u otro llamado el Hombre y la tierra, para ahogar sus rencores y fracasos en el alcohol, que ha llevado a la muerte a tantos de sus familiares y amigos, jóvenes de 35 años que parecen ser mis abuelos. Algunos de ellos que en la escuela eran mucho más aventajados que yo, viven en la plena miseria y sin la esperanza bajo ese sistema comunista de tener un mañana mejor. .

Me parece verlos trabajando en la escuela al campo, recogiendo naranjas desde la 7 de la mañana adonde nos llevaban después de un vaso de agua con azúcar y un pedazo de pan viejo, en unas carretas mojadas y frías por el rocío de la madrugada a cargar con bolsas colgadas de nuestro cuello, más grandes que nuestro cuerpo, y nos obligaban a recolectar naranjas todo el día, para darnos como agasajo de almuerzo unas hojas de col en salsa de tomate acompañadas de arroz previamente separado de los gusanos y un poco de caldo de la misma agua donde ablandaron las hojas de col, menú que nos acompañaba por semanas enteras, y esperando los domingos, días de visita de nuestros padres, para poder comer el congrí que ellos nos traían adornado con algún ilegal pedazo de bistec con cebolla que no se habían comido para guardárselo a sus hijos, acompañados de una lata de leche condensada cocinada que nos servía de cucharada en cucharada, de postre por muchos días, y que nos daba suficiente energía para aguantar los baños de agua fría que nos obligaban a padecer en las casuchas sin techo donde compartíamos un pedazo de jabón para quitarnos la tierra colorada que sabía esconderse en las más recónditas partes del cuerpo. Las literas en los albergues con paredes de tabla de palma y techo de fibrocemento eran como frigoríficos en las heladas noches de invierno. Las camas de hierro eran como témpanos de hielo que nos rozaban el cuerpo cuando nos virábamos sobre la flaca colchoneta que por tanto uso de grupos y más grupos de gente que pasaba por allí, nos trasmitía unos pequeños animalitos que nos causaban picazón permanente en el cuerpo hasta que con un poco de alcohol salido de no se sabía dónde, nos aliviábamos frotándonos con una media vieja. Aquellos días quedaban marcados en nuestras mentes como malos recuerdos de los pagos que hay que darle a la Revolución, pago que sutilmente nos obligaban a cumplir, por la supuesta educación gratuita que nos brindaban. Esa educación se tiraba por la borda cuando veías a un cirujano de corazón cargando maletas en un hotel de turismo para vivir mejor con las propinas de los extranjeros que con el salario vergonzoso que le pagaban en los hospitales, donde en vez de ir a laborar con sus pacientes tenía que hacer enormes esfuerzos para poderlos atender porque todo el material médico era movido con prioridad a los hospitales para turistas.

Turistas que, mientras nosotros nos teníamos que bañar en los ríos o canales estancados, ellos disfrutaban de las bellas playas que jamás pude visitar por ser cubano, y mucho menos hospedarme pagando con moneda nacional en un hotel reservado para extranjeros. Esos extranjeros pisoteaban la dignidad de las mujeres cubanas comprándolas por dos o tres dólares, o por un regalo cualquiera, o por una noche de sexo sin saber, como dijo Willy Chirino, "que esa noche se llevaba lo que ganó a un pequeño cuartico del barrio marginal llamado Luyanó, donde la espera su hijita de 7 meses".

El hombre joven bajo la tiranía de los Castro se ha visto obligado a vivir robando de cualquiera que sea su centro de trabajo, para poder mantener a su familia, cuando el gobierno es quien controla la economía en todos sus aspectos y no existe propiedad privada que pueda contratar y pagar según su trabajo a la clase obrera. Sucede que el robo es la única arma de progreso que puede tener el ciudadano, y por ende lleva a que la sociedad no avance y se creen niveles de supervivencia extraoficiales, robándole al único propietario de todo en el país, el gobierno. Esto sucede a todos los niveles, comenzando por los más altos donde la clase dirigente goza de una flota de automóviles, casas, amantes, viajes, y privilegios al más fiero estilo capitalista. Claro, fuera del alcance de la vista de la población, a quien se le pide sacrificio y trabajo extra para llevar la Revolución hacia adelante mientras ellos disfrutan la vida.

En la noche del 15 de agosto llegué a la casa de Reina y Esteban como a las 11 P.M. Esa noche las caras de todos y la tensión del ambiente me decían que algo raro pasaba. Reina me pidió que le fuera a comprar 4 cajas de cigarros, lo que me pareció más raro aún. Al regresar, Esteban me llamó a solas y me dio la noticia: "Nos vamos del país, pero hablamos para llevarte y no hay más espacio. Quédate con la casa y con todo lo que hay aquí. También quédate con la moto y traigamos todo lo que hay en la casa de mi hija Olga Lidia para que te quedes con eso también. Ellos no te podrán quitar la casa porque estás en la libreta de racionamiento. Quisimos llevarte, pero el dueño dijo que no cabes. Una inmensa tristeza me embargó: era el momento que había esperado para librarme de aquel aterrador sistema y se me escapaba de las manos. "Yo no quiero casa, ni moto ni nada, yo lo que quiero es irme de este país. No lo aguanto más!.

Esteban era quien me había presentado lo que era la libertad dentro de aquella prisión grande que es Cuba. Con él pasé muchas horas escuchando la Voz de la Fundación, donde Ninoska Pérez Castellón relataba todo lo que sucedía dentro de Cuba y que nosotros no podíamos escuchar en la radio controlada de la dictadura. Esteban fue quien me enseñó que la dignidad humana existía cuando me contó acerca de las experiencias que había vivido en los campos de concentración de la UMAP en Camagüey y de cómo su madre tenía que montarse en camiones y trenes para visitarlo viajando largas horas desde La Habana. Me contó cómo a su padre le robaron el almacén de víveres que poseía en Jaimanitas cuando llegaron los ladrones vestidos de verde olivo. Esteban fue quien me enseñó que no teníamos que pasar por la experiencia de tener un fusilado en la familia o de haber tenido un hermano preso político para saber de qué lado hay que estar ante el crimen y el oprobio .

Manuel el yerno de Esteban y Roberto su sobrino, al ver mi profunda tristeza por tener que quedarme, me dieron aliento y me aseguraron que si yo no iba con ellos nadie saldría porque ellos eran los encargados de llevar el combustible y la única condición que podrían para que el combustible subiera al bote era que yo subiera también.

El momento llego, y al llegar a la casa donde estaban todos reunidos. Gilberto, el capitán de la travesía, al verme dijo a Roberto: "!Éste no va! ¿Por qué? -preguntó

Roberto-, "Es que no cabe ni uno más, estamos completos" respondió Gilberto, "Pues si él no va, no va el petróleo para el motor" dijo Roberto con tono amenazador. Y cuando estaba a punto de estallar una discusión llegó la noticia de que una pareja y su hijo que estaban entre los que se iban, decidió a última hora no hacerlo. Mirándome, el capitán me dijo: "Te salvaste, y volviéndose al resto dijo: "Vámonos ya antes de que alguien nos delate y venga el Ministerio del Interior y nos meta presos a todos".

Con esa voz de salida los nervios se calmaron, las mujeres que entraban y salían del baño con frecuencia por la tensión nerviosa que las agobiaba, tomaron a sus hijos de la mano y tras la señal de Gilberto al poner la mano derecha en al pequeño techo del bote todos salimos corriendo y abordamos la embarcación para de una vez salir y comenzar el plan de escape. De un salto Roberto y yo agarramos una vara de hierro larga que habían preparado con una punta tipo Y para enganchar el cable que atravesaba el rio de lado a lado y que impedía la salida de los botes. De una vez se procedió a hundir el cable, a desconectar el motor y a pasar sobre él para salir a mar abierto. Así se hizo con todo éxito. Eran ya las 8 A.M. del día 16 de Agosto y la luz del sol nos cubría. Se hizo a esa hora para que todos vieran que una embarcación salía con 21 tripulantes en buen estado de salud y con el solo deseo de escapar de aquel país. Era preciso que fuera a esa hora, ya que un mes antes las torpederas castristas habían hundido el remolcador "13 de Marzo" cargado de las que sólo sobrevivió la mitad, y aunque si hubieran querido nos habrían hundido, decidieron los que planearon esta huida que fuera a plena Luz del día para tener testigos del crimen si éste se cometía. Tras las ráfagas de ametralladoras salió un buque guardacostas detrás de nosotros para interceptarnos, lo cual logró con facilidad debido a la gran potencia de sus motores y a la debilidad y lentitud del motor Victory de petróleo con que contaba nuestro bote, trataron de abordarnos en varias ocasiones, y el timonel Gilberto trataba de impedirlo, maniobrando en zigzag, al mando del guarda-costa castrista, un coronel del Ministerio del Interior tomó un altavoz y nos dijo que en nuestra embarcación llevábamos a un prófugo de la justicia y que debíamos entregarlo, Esteban, Gilberto y Roberto le contestaron que allí no había ningún prófugo, le mostramos la cara de todos y le dijimos que sólo lo que queríamos era irnos del país, que llevábamos agua y comida. El coronel entró a la cabina de mando y nos pareció que hacía una llamada. Entonces, nos dio vía libre para seguir nuestro camino. En ese momento la alegría fue inmensa. Nos sentimos todos como si nos hubiesen otorgado una visa norteamericana ,pero más aún nos sentimos aliviados al saber que no terminaríamos como los pasajeros del remolcador 13 de Marzo hundidos en la bahía de La Habana, donde murieron asesinados mujeres, hombres y niños, o como muchos otros balseros que terminaban hundidos en sus embarcaciones por sacos de arena lanzados desde helicópteros que salían de la base de guardacostas de Jaimanitas y los cuales veíamos salir casi todos los días tras sus víctimas. Muchas fueron las historias que escuchamos de familiares que nunca más volvieron a saber de sus seres queridos después de haber zarpado en la aventura de buscar la libertad.

La oscura noche que pasamos entre los sube y baja de las olas que parecían tan altas como un edificio cuando estábamos en su parte baja, o como de pronto nos subía y nos veíamos en su cúspide oyendo el agonizante y tétrico quejido de la propela del bote fuera del agua, rozando el bote en la negra profundidad del mar sentíamos la presencia de esos animales hambrientos rondando la embarcación, y como por arte de magia apareció una manada de delfines, que podría decir, nos salvó la vida al custodiarnos por varias millas saltando al lado y al frente del bote.

De repente, sentimos una inmensa alegría al ver un gran buque mercante con bandera mexicana acercarse, pensando que venía en nuestra ayuda pero vimos con desilusión cómo pasó a nuestro lado sin lanzarnos siquiera el socorro de una botella de agua para los 7 niños que llevábamos a bordo. Por otra parte, nos resultó muy triste ver balsas flotando a la deriva sin ningún ocupante. Muchos pensaron que habían muerto, pero yo quiero seguir pensando que fueron rescatados por un guarda-costa americano. Siguiendo la travesía nos cruzamos con otros botes cargados de personas que, varadas por la rotura de su motor clamaban por ayuda, sin poder siquiera nosotros acercarnos, ya que su desesperación era tanta y nuestro espacio tan limitado que hubiéramos podido terminar todos ahogados.

En la madrugada del 17, alrededor de las 12:30 AM después de 16 horas de travesía, avistamos unas luces en el horizonte que parecían provenir de tierra. Nos acercamos y nos dimos cuenta de que así era. La alegría nos inundó a todos, pero el peligro de la poca profundidad que podría dañar el bote y quedar varados sin ayuda a esa hora de la madrugada nos hizo detenernos, y tomamos la decisión de amarrar el bote a una boya, la número 17, y esperar a que la luz del día nos guiara a la entada del canal por donde debíamos entrar. Habíamos llegado a Key West. En la mañana un bote que salía nos abasteció con agua. Eran unos cubanos que mostraron gran alegría de vernos llegar. Salían a pescar por diversión en su yate, mientras que nosotros, cubanos también, utilizábamos un bote para escapar del infierno comunista. Ellos nos guiaron para ir hacia el canal. Así lo hicimos y una vez dentro de ese canal, Gilberto nos dio la noticia de que el bote se nos había quedado a la deriva al romperse la culebrilla que sostenía el timón, por lo que tuvo que venir un barco de los guardacostas a amarrar nuestro bote y llevarnos a puerto seguro. Allí nos alimentaron y nos trasladaron a la Casa del Balsero, de Arturo Cobo, donde respiramos por primera vez la Libertad y la bondad del exilio que mantenía aquel lugar con donaciones y trabajo de gente con gran corazón, con actitud completamente diferente a lo que siempre nos dijeron en Cuba.

Hoy, después de casi 20 años de vivir en el exilio, tomé la decisión de recopilar las anécdotas de otros cubanos que, como yo, se vieron obligados a abandonar Cuba atravesando el Estrecho de la Florida para buscar la libertad. Todos fuimos víctimas de esa cruel tiranía, que hace más de 50 años, robó la libertad y secuestró los derechos de todos los cubanos. Escapar de esa Cuba a la que ni los haitianos, tan pobres, quieren emigrar, y cuando pasan a sólo millas de sus costas, siguen navegando hacia tierras norteamericanas; Haití, adonde pensé irme muchas veces para buscar lo que en mi propia tierra se me negaba. ¡Es muy triste para los cubanos vernos precisados a decir que escapamos de la patria que nos vio nacer!

Que sirvan estos testimonios para que nunca se olvide el dolor del pueblo cubano, para que otros pueblos no vivan nuestra triste experiencia, y para que nunca más, después que pase esta noche oscura del comunismo, vuelva el sufrimiento a la familia cubana.

Quede este documento para la historia y sirva para que en Cuba no existan más balseros.

¡Prohibido olvidar!